일하는 사람을 위한
**MBTI**

탁월한 성과를 만드는
MBTI 직장 사용 설명서

일하는 사람을 위한
# MBTI

백종화 지음

중앙books

> **"**
> MBTI는 한 개인의 과거와 현재
> 그리고
> 미래를 보여주는 도구다.
> **"**

# 사람을 들여다보는 강력한 도구, MBTI

MBTI를 다루는 책은 많이 있지만, 직장에서 MBTI를 어떻게 사용해야 하는지에 대한 책은 거의 없다. 다양한 이유들이 있겠지만, MBTI를 그저 간단한 레크리에이션용 도구로 오해하는 경우가 많기 때문이다.

우리가 아는 MBTI는 관계의 도구다. 나는 ○○○○ 유형이고, 내 친구와 가족은 ○○○○ 유형이다. 그래서 우리는 '잘 맞아, 안 맞아'라는 관점에서 사용했다. 그런데 MBTI를 좀 더 실용적이면서 내 일과 삶에 긍정적 영향을 주는 방법이 있다.

첫째, 나를 이해하는 도구로 사용한다.

둘째, 나와 함께 일하는 동료를 이해하는 도구로 사용한다.

셋째, 동료들과 공동의 목표를 달성하기 위해 서로의 강점과 약점을 활용하는 방식을 정하는 도구로 사용한다.

이 책을 읽는 독자들에게 먼저 고백할 부분은 '필자가 탁월한 MBTI 전문가는 아니다'라는 것이다. 물론 MBTI 전문가 과정을 거쳐 일반 강사 자격을 취득했지만, 내 주변만 봐도 나보다 더 MBTI를 전문적으로 사용하는 전문가들이 많이 있다. 그러다 보니 평소대로라면 편하게 글을 써내려갔겠지만, 이번에는 마음가짐이 좀 달랐다. '혹시 내 책으로 인해 MBTI에 관해 잘못된 관점을 갖게 되는 것은 아닐까? 내가 사람에 대한 편견을 전하는 것은 아닐까?'라는 걱정을 하며 평소보다 몇 배나 더 어렵고 무거운 마음으로 글을 쓰게 되었다.

그럼 스스로도 전문가가 아니라고 생각하는 사람이 왜 이 책을 썼을까? MBTI를 학문적으로 연구하고 공부하는 전문가들도 많이 있지만, 내가 가진 가장 큰 강점은 그분들과는 다른 현장에서의 경험들이기 때문이다. 첫 직장에서 16년이라는 시간을 보내며 MBTI 채용, MBTI 리더십 그리고 MBTI에 따른 성장 방법을 학습하고 사용할 수 있는 기회를 얻었고, 스타트업에서는 MBTI별 일하는 방식의 차이, MBTI를 활용한 팀과 조직문화의 개발, 커리

어에 대해 고민하고 다양한 유형의 사람들을 만나며 이론과 실전을 연결시키는 시간을 갖게 되었기 때문이다. 그 결과 MBTI를 리더십과 조직문화, 그리고 직장에서 도구로 활용하는 법에서 만큼은 누구보다 자신이 있다.

## 내 인생의 MBTI

나도 처음부터 MBTI에 관심이 있던 것은 아니다. 많은 사람들이 MBTI를 가장 먼저 접하는 때는 학교에서 학생들에게 제공해주는 진로 탐색 프로그램일 것이다. 나 역시 MBTI를 처음 접해봤던 시기는 대학생 때였다. 그때 나의 MBTI 유형은 ESFJ가 나왔다. 그리고 대학교 졸업 전 합격했던 이랜드 인턴십 과정에서 ESTJ가 나왔고, 회사에 입사한 직후 신입 입문 과정에서 나왔던 결과는 ISTJ였다. 보통은 이 정도로 MBTI를 접하고 '오, 이 부분은 나와 맞는데? 이건 아닌 것 같은데?' 하는 정도에 그치게 된다.

그런데 나는 조금 더 깊게 MBTI를 사용할 수 있는 기회를 얻었다. 2007년부터 인재개발팀에서 신입입문과정 팀장을 맡은 이후로 현장에서 본격적으로 MBTI를 활용한 것이다. 직원들을 관찰하고 워크숍을 진행하는 강사로 경험을 쌓았지만 아쉽게도 당시에는 'MBTI 일반 강사'라는 전문 자격증을 취득하지 않은 상태에서 회사 내부에 있는 MBTI 강사 자격을 갖춘 선배님들께 배운 실력으로 워크숍을 진행하다 보니 깊이 있는 이해를 공유하기보다는 '서로가 이렇게 다르다. 우리 리더는 이런 유형이야'라고 알려 주는 재미를 강조했던 시절이었다. 지금 생각해 보면 당시에 나와 함께 워크숍을 했던 신입사원들에게 참 미안한 마음이다. MBTI에 대한 잘못된 이해를 강사가 공유해 주는 시간이었기 때문이다.

그 이후 본격적으로 전문 교육을 받으며 MBTI는 내가 사람에 대한 깊은 이해를 할 수 있도록 도움을 준 도구가 되었다. 이랜드는 MBTI 외에도 'Strengthsfinder'라는 갤럽의 강점 도구를 비롯하여 커뮤니케이션 유형을 분석하는 'COMM. Style', 인간 행동의 경향성을 분석한 'DISC' 등의 다양한 진단 도구를 통해 개인의 강점과 약점을 분석하고, 그 분석된 데이터를 바탕으로 HR의 도구로 사용하고 있었다. 나 역시 그 과정에서 수천 명의 직원과 수백 명의 리더의 특징, 직무와의 연결성을 확인하는 기회를 얻게 되었고, 코칭에도 적용해 볼 수 있는 시간을 갖게 되었다. MBTI를 전문적으로 사용하는 전문가들 중에서도 현장에서 직접 수많은 사람들의 공통점과 차이점을 경험해 볼 수 있는 기회를 수없이 갖게 된 것이다.

이때 느낀 것은 '사람마다 너무 다르다'와 '그 다름 속에 패턴이 있다'는 것이었다. 일반적으로 MBTI를 16가지 유형으로만 이해하는 경우가 많다. 그런데 이것은 MBTI에 대한 오해다. 예를 들어 MBTI는 다양한 검사 종류가 있는데 보통 많이 하는 MBTI Form M은 93가지 문항으로 소수의 패턴화된 결과를 얻게 된다. 그런데 144가지 문항으로 되어 있는 MBTI Form Q로 진단하면 우리는 16가지 패턴이 아닌 50억 개가 넘는 개인의 고유한 행동 데이터를 볼 수 있다. MBTI Form Q는 하위 척도라고 부르는 각각의 유형별로 다섯 가지의 구체적인 행동 특징을 찾아준다. 동일한 ISTJ라 하더라도 각각의 하위 척도까지 동일한 ISTJ가 나올 수 없다는 의미이기도 한다. 나 역시 15년이 넘는 시간 동안 MBTI를 사용해 왔지만 아직까지 나와 동일한 MBTI를 가진 사람을 한 명도 보지 못했다는 것이 그 증거 중 하나다. 그만큼 사람은 다르다는 것이다.

결과적으로 개인의 고유한 특징을 찾아주는 MBTI Form Q로 진단하면 프로파일처럼 개인의 고유한 특징들을 찾아낼 수 있다.

## 모두 다른 MBTI 속 발견한 현장의 패턴

다시 말하지만, MBTI는 수많은 다름 속에서도 패턴을 보여 준다. 그 패턴들을 이해하게 되면 조금 더 내가 원하는 결과를 얻을 수 있도록 스스로의 행동을 조절할 수 있고, 내 성장의 속도를 스스로 정할 수 있게 된다.

내가 MBTI를 사용하는 이유는 가장 쉽게 나를 이해할 수 있는 도구이자, 고민하면 고민할수록 깊이 있는 나를 찾아갈 수 있는 도구가 되기 때문이다. 그리고 많은 사람이 이해하고 있기 때문에 전문 교육을 받은 나뿐만 아니라 동료들도 같은 언어로 대화할 수 있다는 장점이 있다. 예를 들어 DISC나 강점도 좋은 도구지만, 많은 사람이 알고 있는 도구가 아니기 때문에 서로 대화를 하기 위해서는 이를 이해하는 시간이 먼저 필요하다. 하지만 MBTI는 내 중학생 딸과도 바로 대화할 수 있는 수준으로 대중들에게 보편화되어 있다.

또 MBTI는 지금도 전문 연구소와 전문가들에 의해 연구가 지속되고 있어서 시간이 갈수록 더 깊이 있는 지식을 공유해 줄 수 있다. 내 딸도 2020년 이후로 매년 종단 연구에 참여하고 있는데, 아이들이 성장하는 과정 속에서 어떻게 MBTI가 변화하는지를 추적 검사하는 것이다. 수년 후 우리는 미국이나 해외에서나 보던 긴 시간 동안의 종단 연구 결과를 한국에서 MBTI를 통해서 볼 수 있을지도 모른다.

그러나 대중들에게 MBTI가 보편화된 만큼 MBTI에 대한 오해 역시 보편화되어 있음을 MBTI 워크숍이나 강연을 진행할 때마다 매번 느꼈다. 내가 이 책을 쓰게 된 계기도 MBTI에 대한 오해를 풀고, 단순한 레크리에이션용을 넘어 MBTI가 직장에서 도움이 되는 도구가 될 수 있었으면 하는 마음에서다.

15년이 넘는 시간 동안 리더십과 조직문화를 공부하고, 그것을 업(業)으로 하는 사람이자 사람과 조직의 성장을 돕는 코치로서 어떻게 사람을 이해하는지를 보여 주는 강력한 도구로 체득한 MBTI의 활용법은 다른 전문가들이 경험하지 못한 나만의 고유한 지식이라고 생각한다. 그래서 이번 책에서는 MBTI에 대한 깊이 있는 지식을 전달하는 것보다 현장에서 어떻게 MBTI를 사용하는 것이 '나와 동료, 팀에 도움이 될까?'라는 관점으로 정리하려고 한다. 내가 이렇게 MBTI로 개인 강점과 리더십, 조직문화, 커리어를 함께 이야기하는 이유는 '조금 더 나에 대해 이해하고 나와 함께하는 사람들을 이해하면 내가 더 행복해질 수 있지 않을까?' 하는 마음에서다. 독자들도 'MBTI를 어떻게 내 직장과 삶에서의 성장을 위해 적용할 수 있을까?'의 관점에서 펜을 들고 나와 내 동료들을 기록하며 이 책을 읽어 주시길 부탁드린다.

2022년 겨울
백종화

## 3장
# MBTI를 활용하는 조직이
# 성공하는 이유

## 4장
# 당신을 위한
# 실전 MBTI 활용법

1장

# 일하는 사람이
# MBTI를 알아야 하는 이유

# T와 I의 좋은 아침

# 성과를 내는 사람은
# '이것'을 안다

세상 모든 사람은 자신이 하고 있는 일을 잘하고 싶어 한다. 그 중에는 직장에서 마케터나 영업 담당자로, HR 담당자로, CEO와 팀장으로 일을 하는 사람들도 있다. 그런데 가정에서 엄마와 아빠로 또는 아들과 딸로서 역할을 잘하는 사람들의 특징을 한번 생각해본 적이 있는가? 아마 없을 것이다.

이 책에서 우리가 고민하는 부분은, 어떤 차이가 누구는 일을 잘하는 사람으로 만들고, 누구는 일을 못하는 사람으로 만드는가다. 물론 타고난 재능의 차이는 배제하고서다. 예를 들어 가지고 있는 재능이 100인데 사용하고 있는 재능이 50인 A와 재능은 70

이지만 60을 사용하고 있는 B 중 누가 더 탁월한 성과를 만들어 낼까? 당연히 B일 것이다. 어쩌면 우리가 살아가면서 성장하고 성공하는 가장 중요한 지점이 바로 여기에 있을 수 있다고 생각한다. 그것은 내가 타고난 재능을 '바르게' 이해하는 것이다. 나를 아는 만큼 나를 잘 사용할 수 있다는 것은 진리이기 때문이다.

과연 어떤 사람들이 '일잘러'라고 불릴 수 있을까? 이 질문에 대한 답을 찾을 수 있다면 우리는 개인이건 조직이건 지속적으로 성장하면서 성과를 낼 수 있다고 생각한다. 이번 책에서 다룰 주제 중 하나인 타고난 나를 이해하는 것이 바로 많은 일잘러의 특징이다. 일잘러들은 자신의 강점과 약점을 객관적이고, 명확하게 구분할 줄 안다. 이때 중요한 것은 '타고난 나의 강점과 약점에 영향을 받거나 주기도 하는, 내가 하고 있는 일의 특징을 분석하는 것'이다.

영업(Sales)을 하는 부서를 한번 떠올려 보자. 일반적으로 영업을 하는 사람들은 새로운 사람들을 만나 자신의 제품과 서비스를 소개한다. 직접 찾아가기도 하고, 고객이 찾아오게 하기도 하고, 전화 등을 통해서 모르는 사람들에게 먼저 연락을 하기도 한다. 그래서 우리는 영업을 하는 사람들의 특징은 '사람들과 만나는 것을 좋아하고, 말을 잘한다'고 생각한다.

그런데 만약 처음 만나는 사람들과 대화하는 것을 부담스러워하는 내향형(I) 사람이 영업부에 들어가면 어떻게 될까? 처음 만나는 사람과의 대화에서 낯을 가리고, 조용한 행동을 편하게 생각하는 내향형 사람이 영업부에서 일잘러가 될 수 있을까? 이 질문에 대해서도 수많은 답이 나올 수 있지만, 간단하게 생각해봐도 내향형 사람이 낯선 사람들을 찾아가서 제품과 서비스를 설명하는 방식으로 탁월한 성과를 내는 건 정말 어려울 거라는 걸 짐작할 수 있다. 이렇게 생각한다면 내향형은 최고의 영업 전문가가 되기에는 어려운 성향을 지니고 있다.

하지만 내향형이 최고의 영업 전문가가 되는 방법이 있다. 그것은 바로 내향형에게 알맞은 세일즈를 하는 것이다.

## 내향형(I)이 영업을 잘하는 방법

내향형은 다수와 모르는 사람들보다는 자신과 밀접한 관계를 가진 사람들과의 소통을 조금 더 편하게 생각한다. 그리고 말로 대화하기보다는 글로 표현하는 것을 편하게 생각한다. 이 특징을 이해하는 내향형은 자신만의 세일즈 방식을 취하게 된다.

① VIP 관리를 한다.

다수의 모르는 사람을 만나기보다 밀접하게 관리할 수 있는 객단가가 높은 우수 고객을 대상으로 영업한다. 소수의 고객에게 깊은 만족감을 주는 것이 내향형이 좀 더 잘할 수 있는 방법이다.

② **지인에게 추천을 받는다.**

지인이 추천해 준 사람에게 연락한 후 만나서 대화하는 것은 조금은 덜 불편한 행동이다. 그래서 처음 만나는 사람이지만 조금은 덜 불편하게, 때로는 '공통된 지인'이라는 매개체가 있는 대화를 할 수 있게 된다.

③ **글로 표현한다.**

내향형에게는 블로그를 하거나 SNS, 동영상 촬영을 통해 제품과 서비스를 소개하는 활동이 직접 대면 설명을 하는 것보다는 조금 더 수월할 수 있다. 최근 코로나로 인해 비대면 영업이 활성화되고 있는데, 한 대기업 자동차 영업 부서와의 미팅에서 SNS를 활용한 내향형의 세일즈 방식이 현장에서는 이미 활성화되어 있다는 것을 알게 되었다.

일잘러가 된다는 의미는 내가 탁월한 성과를 내고 있다는 것을 증명하는 것이다. 그리고 그 성과가 반복해서 나와야 한다는 것과 성과의 크기가 지속해서 커져야 한다는 것도 포함된다. 이유는 우리의 경험치와 경력이 쌓일수록 그만큼 조직이나 동료들이 나에게 기대하는 목표가 높아지기 때문이다. 즉 스스로 지금 이

순간이 아니라 지속해서 성장하고, 직무와 자신의 역량과 성격적 특징까지 바르게 이해하고 연결하는 사람만이 받을 수 있는 칭호가 바로 '일잘러'이다. MBTI는 그중 자기 자신을 이해하는 도구이자, 과업을 수행할 때 어떤 방식으로 하는 것이 더 맞는 방법인지를 알려 주는 나침반 역할을 수행하는 유용한 도구다.

## MBTI는 정답이 아니다

MBTI가 정답이 아니라는 말은 '맞아, 틀려'라고 이야기할 수 없다는 말과 같다. 이때 선호(Preference)와 비선호(Non-Preference)라는 단어를 사용한다. 예를 들어, 외향형(E)의 특징 중 '말로 표현하는 것을 선호한다'라는 부분을 보면 소통할 때 '말'로 하는 것이 편하고, 자연스럽고, 쉽다고 해석할 수 있다. 또 말로 소통하는 것이 당연하고, 그게 더 빠르다고 느끼게 된다.

반대로 내향형은 '글로 표현하는 것을 선호한다'는 특징을 가지고 있는데, '글'로 소통하는 것이 더 편하고, 자연스럽고, 쉽다고 느끼고, 글로 소통하는 것이 당연하고 더 정확하다고 판단한다. 우리는 이를 선호라고 부른다. 유형별로 자신에게 익숙한 행동들을 선호하는 반면 서로의 행동을 비선호하게 되는 것이다.

내향형이 익숙하고 편하게 하는 행동들을 외향형은 '서투르고,

어색하고, 불편하고, 신경 쓰인다'고 평가할 수도 있고, 자신이 하려고 하면 조금은 어렵고, 느리게 배울 수밖에 없게 된다는 의미다. 반대로 외향형이 편안해하는 행동들이 내향형에게는 비선호하는 행동이 된다.

| 선호(Preference) | 비선호(Non-Preference) |
| --- | --- |
| • 편하다 | • 불편하다 |
| • 자연스럽다 | • 어색하다 |
| • 쉽게 할 수 있다 | • 어렵다 |
| • 당연하다 | • 불안하다 |
| • 빠르게 배울 수 있다 | • 느리게 배우게 된다 |

그래서 나와는 반대 유형의 행동에 대해 '틀렸다, 맞았다'고 평가를 내리는 것이 아닌, '나와는 다르구나, 나는 저 사람의 행동이 불편하구나'라고 판단해야 한다. 그렇기에 MBTI는 좋고 나쁨을 찾는 도구도 아니고, 누가 더 탁월한가를 보여 주는 도구도 아니다. 단지 우리가 타고날 때부터 선천적으로 가지고 태어난 선호와 비선호를 찾아가는 도구이고, 이 특징은 태어날 때부터 타고나지만, 살아오는 환경에 영향을 받으며 조금씩 변화하기도 한다.

# 당신의 MBTI는
# 하나가 아니다

"MBTI 결과가 진짜 나인가요?"

MBTI를 활용할 때 자주 듣는 질문이다. 이 질문에 앞서 이야기하고 싶은 것은 '나를 가장 잘 아는 사람은 누구일까?'이다. 많은 사람이 필자를 보고 '외향형'이라고 이야기한다. 내가 수십 명, 수천 명 앞에서 강연을 하고, 방송이나 콘퍼런스 또는 온라인에서 1시간에서 2박 3일까지 마이크를 잡고 있고, 일대일 코칭 세션을 가질 때 웃으며 반겨 주고 대화를 주도하는 사람이기 때문이다.

그런데 그분들이 모르는 나의 모습이 있다. 내 강연을 1시간 들은 분은 나의 하루 중 나머지 23시간은 어떤 행동을 하는지 모를 것이고, 나를 회사에서 업무상으로 만나는 분들은 회사에서의 모습이 아닌 집에서의 내 모습을 모른다. 그렇다면 나의 하루 중 일부만 본 사람들이 나를 '외향형'이라고 이야기하는 것은 진짜 나를 표현하는 것일까?

먼저 이 질문에 답변할 수 있는 사람은 '나' 외에는 없다는 것을 말하고 싶다. 그리고 MBTI는 '내가 나를 객관적으로 인식하고 인정하는 삶의 여정에서 나침반' 역할을 하는 것이다.

처음 말한 것처럼 나 또한 평생 3개의 MBTI 결과를 받았다. 대학생 때는 ESFJ, 회사를 처음 접했던 인턴 시기와 장교로 근무했던 시기에는 ESTJ, 직장 생활을 하는 과정에서는 ISTJ가 나왔다. 그리고 ISTJ라는 것을 인정하기까지 20년이라는 시간이 필요했고, 그 이후로는 변화가 없다.

어떻게 나는 스스로가 ISTJ라는 걸 인식하고 받아들였을까? 한국 MBTI 연구소에서 전문적인 교육을 다시 받기 시작했던 2019년, Form M이라는 가장 심플한 도구로 진단했을 때는 ESTJ가 나왔었다. 그래서 ESTJ들과 함께 모여 서로의 공통점과 차이점을 이야기하던 중 나는 ESTJ가 어딘가 모르게 불편하다는 것을 다시한번 느끼게 되었다. 그리고 심화 교육 과정에서 Form Q로 진단을 하면서 내가 외향형이 아닌 내향형이라는 것을 명확하게 인지할 수 있게 되었다. 그리고 그 이후로는 ISTJ의 특징을 인정하고, 필요할 때마다 E, N, F, P의 특징들을 사용하고 있다.

MBTI로 진단을 했던 결과들이 모두 진짜 나를 표현하는 것은 아니다. 결과 이후, 전문가와의 상담이나 워크숍 등을 통해서 진짜 나를 표현하는 검증의 시간을 가져야 하는 이유이기도 하다. 진짜 나를 제대로 표현하는 MBTI를 찾는 과정에서 세 가지를 구분할 수 있어야 한다.

### 1. 가유형(Falsified Type)

자신의 진정한 성격 유형이 아닌 가짜 유형을 의미한다. 이는 선천적으로 타고난 유형의 결과로 나타난 것이 아니라, 외부 환경이 나에게 영향을 끼쳤기 때문에 나온 반대 유형을 일컫는 표현이다. 수많은 환경 요인 중 가족, 친구처럼 자주 만나고 나에게 영향을 많이 끼치는 사람들에게서 영향을 받기도 하고, 자신이 되고 싶은 이상적인 모습이 내 모습과는 반대일 때, 의도적으로 내가 편안해하는 방식과는 반대로 행동하면서 나타나기도 한다.

가유형으로 행동할 때 '괜찮은데?'라고 생각한다면 상관 없겠지만, 뭔가 불편하고 쉽게 스트레스를 받거나 유능함이 사라진다면 이때는 진짜 나를 찾아가는 과정을 한번 고민해보는 시간이 필요하다.

### 2. 직업 유형(Occupational Type)

직업 유형은 직업이나 직무에서 원하는 특정한 업무 방식으로 인해 영향을 받은 유형을 의미한다. 가유형이 전반적인 생활 속에서 진짜 나와 반대로 행동하게 된다면 직업 유형은 특정한 행동에 국한되는 경우가 많다.

예를 들어, 팀장이라는 직책을 맡으면 의사결정을 내리는 상황에 많이 처하게 된다. 팀원들에 대해 평가를 내리고, 준비한 전략을 계속할 것인지 그만둘 것인지를 판단하고, 채용 과정에서 합격과 탈락을 논의한다. 이때 의사결정의 기준이 달라지기도 한다. 진짜 나는 '누군가의 상황을 배려하는 의사결정'을 하는 반면, 회사에는 '의사결정의 명확한 기준'이 있기 때문에 회사에서 판단을 하거나 결정할 때는 타고난 나가 아닌 회사의 기준으로 바뀌는 상황을 많이 접하게 된다. 본래의 나는 감정형 특징을 가지고 있지만, 회사의 필요에 따라 평가를 하거나 채용 면접을 볼 때 사고형 행동을 반복하면서 '나는 사고형이야'라고 생각할 때, 이를 직업 유형이라고 이야기한다.

필자 또한 한동안 외향형이 내 유형이라고 생각했을 때가 있었다. 그런데 나를 찾아가는 과정을 통해 내가 외향형의 행동을 조금 더 필요로 하는 장교, 영업부, 교육부 등의 직무를 해야 했기 때문에 의도적으로 비선호하는 행동을 수행했다는 걸 깨닫는 데 오랜 시간이 걸렸다. 이처럼 직업 유형으로 나를 바라보면 진짜 나와 다른 어색하고 불편한 부분을 찾게 되기도 한다.

또 다른 예로 우리가 잘 아는 연예인 유재석 씨를 보면 TV에서의 모습과 일상생활 속에서의 모습이 다르다는 걸 짐작할 수 있다. 실제로 유재석 씨는 TV에서 MBTI 진단 결과로 ISFP가 나왔는데, 강의 중 "유재석 씨는 외향형 아닌가요? 그렇게 말도 많이 하고, 사회도 잘 보는데요?"라는 질문을 많이 받았다. 그때 나는 이렇게 이야기했다.

"MBTI는 본인이 최종 판단할 수밖에 없습니다. 여러분들이 보시는 모습은 촬영할 때의 직업 유형입니다. 그런데 그때는 돈을 벌기 위해서, 또는 나에게 주어진 역할을 수행하기 위해서 내가 맞추는 모습이죠. 오래전 유재석 씨가 성공하지 못했던 시절을 보면 그때는 자신 없는 모습, 숫기 없는 모습을 보여 주기도 하고 카메라 앞에서 부끄러워하는 모습을 보이기도 합니다. 어쩌면 그 모습이 진짜 모습이고, 지금의 모습은 의도적으로 만들어진 모습이라고 판단할 수 있을 것 같아요."

직업 유형이 나쁘다는 것은 아니다. 내가 나의 진짜 유형을 알고 있으면서 지금 내가 일을 하거나 나에게 필요한 유형의 행동을 의도적으로 하는 것이 불편하지 않고, 성과를 만들어 내고 있다면 바람직한 유형의 성장 과정이라고 나는 믿는다. 그래서 나도 내향형이지만, 누군가를 위해 앞에 나서야 할 때는 적극적으로 외향형처럼 행동하려고 한다. 예를 들어 강단에 서서 강의를 하거나 1 ON 1 대화를 이끄는 것이 편하지 않지만, 잘할 수 있다는 의미다. 물론 내가 선호하는 내향형의 행동을 할 때보다 어쩔 수 없이 에너지를 더 쓰게 된다는 것도 알게 되었다.

### 3. 참 유형(True Type)

참 유형은 선천적으로 타고난 나의 유형을 의미한다. 나는 MBTI의 목적을 가유형과 직업 유형을 인지하면서 나만의 참 유형을 찾아가는 과정이라고 이야기한다. 누군가는 단 한 번에 찾기도 하지만, 누구는 몇 번의 진단과 함께 다섯 번 또는 열 번의 대화를 통해 나를 찾아가는 과정을 경험하기도 한다.

참 유형을 찾는다는 것은 어떤 의미를 가지고 있을까? 나는 이를 내가 왼손잡이인지, 오른손잡이인지를 알아내는 것이라고 비유하는데, 내가 잘 쓰는 강점 행동과 내가 어려워하는 약점 행동을 구분해서 상황에 따라 사용하거나 훈련, 연습하기 위함이다.

결국 MBTI는 진짜 나를 표현하는 참 유형을 찾아가는 여정이다. 이 여정을 통해 '나를 찾는다'는 의미를 세 가지로 구분할 수 있다.

① 나의 선천적 특징을 인지한다.

내가 선호하는 행동과 비선호하는 행동을 구분할 줄 알아야 한다. 내가 익숙하게 하거나 편안하게 할 수 있는 행동과 내가 조금은 불편하거나 사용하기 힘든 행동이 무엇인지 아는 것이다.

② 나에게 지금 요구되는 특징을 인식한다.

직장에서 나에게 기대하는 역할이 있다. 또 가족이나 친구들이 기대하는 역할이 있다. 이 역할이 내가 선호하는 행동이 될 수도 있지만, 반대로 비선호하는 행동일 수도 있다. 즉, 외부의 환경이 나에게 기대하는 행동과 나의 선천적 특징을 구분할 줄 알아야 한다.

③ 나의 행동을 내가 정한다.

혼자서 살 수 있는 사람은 없다. 그래서 언제나 나에게 맞추는 것만이 정답은 아니다. 반대로 무조건 상대방에게 맞춰야 하는 것도 아니다. 정답은 없지만, 그 행동을 선택하는 주체는 내가 되어야 한다. 외부에서 요구했기 때문이 아니라, 외부에서 요구하는 행동인데 내가 동의하는 행동이어야 한다는 의미다.

반복해서 이야기하지만 '세상에 정답은 없다'. '나는 참 유형이 아니라 가유형인가? 아니면 직업 유형인가? 그러면 내가 틀렸나? 잘못된 삶을 살고 있나?'라는 질문을 던질 수도 있다. 그런데 내 삶에 평가를 내릴 수 있는 사람은 '나'밖에 없다. 내가 어떤 유형으로 살고 있든지, 어떤 유형으로 일을 하고 있든지 내가 동의하고 행복하면 되는 것이라고 이야기하고 싶다.

# 행동부터 먼저 하는 사람
## VS
## 생각부터 하고 행동하는 사람

MBTI 유형 중 첫 번째 대문자는 외향형(Extraversion)과 내향형(Introversion)을 말한다. 이를 구분하는 큰 기준은 무엇일까? 그것은 바로 자신의 에너지를 어느 곳에 더 집중해서 사용하는가다. 그런데 흔히들 하는 오해가 '외향형은 적극적이고 내향형은 소극적이다'인데 이는 다른 말이다. 간단하게 설명하자면 외향형은 자신의 에너지를 외부에서 사용하는 것을 편하게 여기고, 내향형은 에너지를 내부에 사용하는 것이 편하다. 외향형과 내향형 중에 더 좋은 것이 있다기보다는 각자가 가지고 있는 고유한 특징이 다른 것이다.

# 행동부터 먼저 하는 외향형(E)

외향형인 사람은 자신의 에너지를 외부로 쏟고자 한다. 에너지를 외부에 쏟는다는 게 무엇인지 아래 질문을 보면 명확해진다.

- 1~2명의 사람과 대화할 때와 10명의 사람들과 대화할 때 중 언제 더 에너지를 많이 사용할까?
- 내가 익숙한 공간과 처음 가보는 공간 중 어느 곳에서 내 에너지를 많이 사용할까?
- 친한 친구들과 있을 때와 처음 만나는 사람과 있을 때 중 언제 에너지를 많이 사용할까?

이처럼 에너지는 활동할 때, 내가 새로운 환경이나 호기심을 가지게 될 때 많이 사용하는 힘이다. 그래서 보통 많은 사람과 만날 때, 새로운 곳에 갈 때, 처음 만나는 사람과 있을 때 많이 사용한다. 즉 에너지는 말하고 행동하고 움직이는 것이라고 할 수 있다.

이러한 특징들이 모여 외향형은 생각보다 행동을 빠르게 하려는 편이고, 자연스럽게 외부로 에너지를 더 쏟게 된다. 혼자 있기보다는 여러 사람과 함께 있는 것을, 조용히 있는 것보다는 말하고 몸을 움직이는 것을 더 선호하는 것이다. 외향형은 딱 봐도 에너지가 넘쳐 보이고, 목소리가 크고 빠르며, 모임에서도 여러 사람과 소통하는 모습이 눈에 확 들어온다.


## 생각을 먼저 하는 내향형(I)

반대로 내향형인 사람은 자신의 에너지를 내부로 쏟고자 한다. 에너지를 안으로 사용하는 환경을 좋아한다고 표현하는데, 이는 '생각하는 환경'을 편안하게 여긴다고 말할 수 있다. 그래서 생각할 수 있는 환경인 '혼자 있을 때, 조용한 곳에 있을 때, 익숙한 공간에 있을 때'가 내향형이 편안하게 생각하는 환경이다. 회사에서의 공간을 보더라도 외향형은 오픈된 공간이나 커피와 함께 대화할 수 있는 환경을 편안하게 여기는 반면, 내향형은 파티션이 있거나 복도보다 안쪽 자리, 창가 자리를 좋아하는 경향을 보인다.

내향형은 행동하기 전에 먼저 생각하는 시간을 필요로 하는 편이다. 그러다 보니 사색하고 묵상하는 것을 좋아하고, 외향형보다 조금은 행동이 느려 보인다. 하지만 행동이 느린 것이 아니라 먼저 생각을 하고 정리된 생각을 바탕으로 행동을 하기 위함이라는 것을 꼭 기억해야 한다. 내향형은 여러 사람과 함께 있는 것보다는 혼자만의 공간에서 혼자만의 시간을 갖는 것을 즐겨 하고, 말과 행동보다는 글로 표현하는 것을 더 선호하는 편이다.

# 일상생활에서 나타나는 외향형과 내향형의 차이

그렇다면 실제 생활에서 외향형과 내향형의 차이는 어떻게 나타날까? 외향형과 내향형의 행동 차이가 두드러지는 상황을 통해 두 성향의 구체적 특징을 알아보자.

## 1. 함께 사는 가족의 성향이 다를 때

외향형인 사람은 집에 있는 가족들과의 수다를 좋아한다. 씻기도 전에 오늘 있었던 일을 미주알고주알 끊임없이 말하는데, 그들에게 가장 큰 스트레스는 바로 '그만 좀 말해. 나중에 이야기하면 안 될까?'라는 말을 듣는 것이다. 실제로 어렸을 때 외향형인 딸에게 가장 큰 벌칙은 '5분 동안 말하는 것 금지'였다. 자기는 이야기하고 싶은데 엄마와 아빠가 대꾸를 안 해주면 그 시간을 참지 못하고 차라리 잠을 자버릴 정도였다.

반대로 내향형인 사람은 집에 들어가자마자 가족들과 잠깐 인사를 하고, 바로 자기만의 공간에서 시간을 보내고자 한다. 가족을 사랑하지 않거나 보기 싫어서가 아니다. 이미 밖에서 수많은 사람과 함께 일하고 마주하면서 에너지를 소모하고 왔기 때문이다.

이런 내향형에게 가장 중요한 가정의 휴식처는 바로 자기만의 공간이다. 서재, 소파, 침대, 책상 등등 자신만의 시간을 사용할 수 있는 공간이 바로 힐링의 공간이 된다. 만약 집에 나만의 공간이 없다면 내향형은 화장실에 들어가 30~40분 동안 나오지 않고 혼자만의 시간을 갖기도 한다. 그곳에서 책을 읽기도 하고, 휴대폰을 보기도 하지만 목적은 하나, '혼자서 에너지를 회복하는 시간'을 갖는 것이다.

나 역시 결혼 이후 3~4년 정도 집에 나만의 공간이 없었을 때가 있었다. 이때 반복했던 행동이 바로 '자발적 야근'과 '주말 아침 카페에 가는 것'이었다. 야근을 하면 사무실에 혼자 있게 되니 그 시간을 즐기며 일을 했고, 주말에는 아침 일찍 일어나 출근하듯이 카페에 가서 책을 읽고, 생각을 정리하는 시간을 2~3시간씩 가지곤 했었다. 그 시간들은 내향형인 나를 정신적으로 회복시켜주었고, 그때 충전한 에너지를 가족, 친구들과 다시 즐겁게 사용할 수 있었다.

그래서 가정에 외향형과 내향형이 있을 때 서로의 성향에 대한 이해가 없다면 충돌이 생길 수 있다. 예를 들어, 내향형인 아빠는 집에 들어가면 일하며 쌓인 스트레스를 풀기 위해 혼자만의 시간을 갖고자 한다. 조용히 혼자 휴대폰을 보거나 책을 읽거나 TV를 보고 싶다. 그런데 외향형인 딸은 어떨까? 드디어 아빠가 왔구나 하면서 오늘 있었던 사건들을 말하기 시작한다. 아침에 눈을 떴을 때부터 시작해서 시간 순으로 모조리 말이다.

이럴 때 가장 좋은 방법은 다음과 같다.

- 내향형인 아빠에게 먼저 혼자만의 시간을 잠시 준다.
- 에너지를 회복한 아빠와 함께 딸이 이야기하는 시간을 갖는다.

물론 어떤 행동을 먼저 하는가는 개인에 따라 다를 수 있지만 내향형에게 중요한 것은 '혼자서 생각할 수 있는 환경'을 통해 에너지를 회복하는 것이고, 이 환경을 가장 편안하게 제공해 주는 곳은 바로 집이다.

### 2. 성향이 다른 친구가 모임을 가질 때

외향형과 내향형 친구 둘이 만나 반갑게 수다를 떨고 있다. 그런데 외향형 친구는 문득 더 많은 친구들을 만나면 더 재미있겠다고 생각한다. 그래서 'A한테 연락해 볼까?'하며 내향형 친구에게 물어본다. 내향형 친구도 A는 자신과도 친한 사이라서 흔쾌히 알겠다고 한다.

그렇게 셋이 즐겁게 만났는데, 마찬가지로 외향형인 A가 근처에 있다는 B도 부르자고 한다. 외향형 친구는 바로 좋다고 하지만, 이제 내향형 친구는 조금씩 스트레스를 받기 시작한다. 왜일까?

- 외향형 친구를 만나기 위한 약속이었는데, 외향형 친구는 점점 자기보다 새로 온 친구들에게만 관심을 갖기 시작한다.
- 새롭게 합류한 B는 얼굴만 조금 아는 사이다. 자신이 잘 모르는 사람

들과 같은 공간에 있는 것이 조금씩 스트레스로 다가오기 시작한다.

외향형은 새로운 사람들을 만날 때 에너지가 넘친다. 새로운 사람과의 대화에서 호기심이 발동하고 더 많은 에너지를 사용할 수 있다. 반대로 내향형은 친하지 않은 사람들과 함께할 때 자신의 에너지가 소모된다는 느낌을 받기 시작한다. 그리고 어느 순간부터 만나고자 했던 친구가 자신이 아닌 새로 온 친구들에게 관심을 더 보이고, 그들과의 대화에 집중하고 있는 모습에 실망감을 가지기도 한다.

### 3. 직장에서 일하는 방식의 차이

직장에서 외향형은 행동이 빠른 반면, 실수가 많을 수도 있다. 반대로 내향형은 행동이 느리지만, 먼저 생각을 하며 계획을 촘촘하게 세우고 실행하기 때문에 실수가 적은 편이다. 그런데 반대로 생각하면 외향형은 실행력이 있어서 진행되지 않고 있던 일들을 해결하려고 노력하는 반면, 내향형은 아직도 머리로 계획만 세우고 있다고 생각할 수도 있다.

과연 누가 좋은 걸까? 이 두 유형의 강점은 유지하고 약점을 보완하는 방법으로 생각해 볼 수는 없을까? 외향형에게는 빠르게 실행하면서 실수와 실패를 줄이도록 생각할 수 있는 체크리스트와 같은 도구를 알려 주거나 계획을 잘하는 사람을 붙여 주면 어떨까? 내향형에게는 미리 생각을 할 수 있도록 실행 전에 시간을 조금만 더 주면 결과를 빨리 만들어 낼 수도 있다.

가장 중요한 것은 '내 성향은 무엇인지 알고 나와 일하는 동료의 성향과 서로 맞추려면 어떻게 생각하고 행동하고 말하면 되는지 그 방법을 아는 것이다.

### 4. 스트레스를 받을 때

일상생활에서나 직장 생활을 할 때 피해갈 수 없는 것이 바로 스트레스다. 일이 잘되지 않을 때나 나와는 반대되는 성향을 가진 사람이 내가 불편해하는 행동을 반복할 때 또는 잘하고 싶은데 어떻게 해야 할 지 모를 때 등등 누구나 불편한 상황을 자주 경험한다. 이럴 때 나만의 스트레스 푸는 방법을 알고 있다면 스스로를 케어하기가 수월하다.

먼저 외향형은 에너지를 밖으로 사용하는 행동을 추천한다. 예를 들어, 친구와 2~3시간 수다를 떨거나 격한 운동하기, 웃고 떠들거나 노래하고 춤추는 등의 활동이 이에 해당한다. 그리고 나서 조용히 에너지를 비축하는 시간을 가져 보는 것이다. 반대로 내향형은 먼저 에너지를 비축하는 방법을 사용해 보길 추천한다. 집에서 조용히 혼자만의 시간을 가져보거나 불멍, 물멍 등을 해보기도 하고, 암막 커튼을 친 채 잔잔한 음악을 틀어놓고 10시간을 자고 나면 조금은 편안해지는 나를 발견하게 되기도 한다. 그

후에 친한 친구와 대화를 나누거나 내가 편하게 여기는 장소에서 책을 읽는 것도 도움이 된다.

그런데 가끔 내향형인 사람이 '저는 밖에 나가서 운동하고 땀 흘리며 스트레스를 푸는데, 그럼 저는 외향형인가요?'라고 질문을 하는 경우가 있다. 알아야 할 점은 행동 하나로 기능이나 유형을 구분하는 것은 매우 어렵다는 것이다. 단지 내가 어떤 상황에서 어떤 행동을 주로 반복하는지에 대해 생각하며 내가 편안해하는 활동을 시도하면 나에게 도움이 될 확률이 높다.

또 운동을 좋아하더라도 기능에 따라 운동 스타일은 다를 수 있다. 일반적으로 내향형은 운동을 하더라도 혼자서 하는 운동, 생각하면서 할 수 있는 운동 그리고 친한 지인들과 함께하는 운동을 선호하는 반면 외향형은 함께 어울리고 대화를 나눌 수 있는 운동을 좋아하는 편이다. 또 외향형은 운동보다 운동 후에 갖는 모임을 더 좋아해서 여기에 참가하려고 운동을 하기도 한다.

어떤 것이든 중요한 것은 나에게 맞는 스트레스 해소 방법을 찾는 것이다. 정답은 없다는 점을 명심하며, 에너지를 밖으로 또는 안으로 사용하는 방법들을 찾아보고, 직접 시도를 해보며 나에게 가장 좋은 방법을 찾길 추천한다.

## 외향형과 내향형의 차이

| 외향형(E) | 내향형(I) |
|---|---|
| ① 말로 표현하는 것을 좋아한다.<br>• 글로 표현하는 것보다 말로 빠르게 대화하는 것을 선호 | ① 글로 표현하는 것을 좋아한다.<br>• 혼자 있는 것, 조용히 책 읽는 것을 원함<br>• 자기 생각을 글로 표현하는 것을 선호 |
| ② 외부 요청/환경에 의해 바깥으로 끌림을 느낀다.<br>• 집이나 실내보다 외부, 새로운 장소를 선호 | ② 외부 요청/환경에 의해 안으로 밀려들어옴을 느낀다.<br>• 익숙한 곳에 있을 때 편안함을 느낌<br>• 생각할 수 있는 환경을 선호 |
| ③ 행동을 한 후에 생각한다(행동→생각→행동).<br>• 실행을 빠르게 하고, 이 과정에서 찾은 문제를 해결할 수 있게 빠르게 수정 | ③ 생각을 한 후에 행동한다(생각→행동→생각).<br>• 계획을 세우고 정리한 후에 실행하는 것을 선호 |
| ④ 다수와의 넓고 다양한 관계를 좋아한다.<br>• 처음 보는 사람들과도 쉽게 얘기를 하거나 친해짐<br>• 모르는 사람들이 많이 모여 있는 장소에서도 활발하게 행동 | ④ 소수, 친밀한 사람들과의 긴밀한 관계를 좋아한다.<br>• 모임에 이미 알고 있거나 친밀한 사람이 있을 때 편안함을 느낌 |
| ⑤ 남에게 먼저 다가간다.<br>• 곳곳에 친구나 아는 사람들이 많이 있음 | ⑤ 남이 먼저 다가오기를 기다린다.<br>• 처음 모임에 갔을 때 조용히 구석에서 사람들을 관찰<br>• 먼저 대화를 이끌어주거나, 소개를 해주는 사람이 있을 때 대화를 시작 |
| ⑥ 자신을 쉽게 드러낸다.<br>• 내 생각, 환경, 기분을 잘 표현하기 때문에 남들이 나를 금방 알게 됨<br>• 활발하고 적극적이라는 말을 자주 들음 | ⑥ 자신을 서서히 드러낸다.<br>• 침착하고 조용하다는 말을 많이 들음<br>• 무슨 생각을 하는지 모르겠다는 말을 듣는 편 |

# 경험을 믿는 사람
## VS
# 육감을 믿는 사람

두 번째 선호 경향은 심리 기능 중에서 정보를 수집하는 방법에 따라 나뉜다. 바로 감각형(Sensing)과 직관형(iNtuition)이다. 직관은 두 번째 철자인 'N'을 사용하는데, 이유는 내향인 'Introversion'의 'I'와 겹치지 않기 위해서다.

인식 기능의 역할은 사람, 사물, 사건, 아이디어 등에 대한 정보 수집을 어떤 방식으로 하느냐다. 감각형이 있는 그대로의 정보를 가져오거나 과거와 현재의 내 경험을 토대로 정보를 가져온다면, 직관형은 창의적인 아이디어와 문득 떠오른 생각들을 토대로 정보를 가져온다. 두 선호 지표에서 보이는 특징을 단어로 명확하게 말한다면 감각형은 오감과 경험, 직관형은 육감과 촉이라고 할 수 있다.

## 경험을 믿는 감각형(S)

감각형의 특징은 현실을 있는 그대로 본다는 것이다. 숲이 아닌 나무를 보는 사람이라고 설명할 수 있겠다. 이들은 현실에 맞는 체험을 통해 정보를 습득한다. 보고, 듣고, 만지고, 먹고, 냄새 맡는 오감 활동을 통해 얻은 경험들을 정보로 인식한다는 의미다.

그래서 감각형에게 필요한 것은 바로 '경험'이다. 이들은 경험을 통해 좀 더 구체적으로 상황과 정보를 파악하고 적용할 것들을 찾아낸다. 그래서 과거보다 지금에 집중하며 과거를 토대로 파악한 정보에서 현재에 적용할 점들을 찾아내기도 한다. 지금 보고 있는 것을 객관적으로, 눈에 보이는 그대로 표현하는 사실적인 사람들이기도 한다.

보통 어떤 과업을 수행하라는 지시를 받게 되면 감각형 직원들이 처음 하는 일은 바로 '과거 진행했던 자료와 프로젝트 및 외부 자료를 서칭하는 것'이다. 그들은 많은 자료를 모아두고, 분석하고, 돌이켜 보면서 '이번에는 어떻게 업그레이드하지?'라는 고민을 하게 된다.

즉, 감각형 인재들이 성공하고 성과를 내기 위해서는 다양한 경험과 자료들을 볼 수 있도록 시간과 권한을 준다면 성공 확률이 올라갈 수 있다는 걸 꼭 기억하자. 만약 내가 감각형인데 '직장과 직업에서 성장하기 위해서는 무엇을 해야 할까?'라는 고민을 하고 있다면 '나에게 필요한 다양한 경험을 채우고, 그 경험들을 사용할 수 있도록 하자'라고 생각하고 행동하면 가장 빠르게 성장할 수 있을 것이다.

## 육감을 믿는 직관형(N)

경험으로 정보를 인식하는 감각형과는 반대로 직관형은 촉, 육감, 느낌에 의해 정보를 인식하게 된다. 직관형의 취미 활동은 '상상'이다. 그들은 말도 안 되는 상상과 아이디어를 쏟아내며 자신의 느낌을 표현하고, 그것을 현실에 적용한다.

그러다 보니 가장 많이 듣는 말이 '넌 말이 되는 소리를 해라'라는 핀잔이다. 그런데 세상을 바꾸는 놀라운 아이디어들은 대부분 직관형들을 통해서 나왔다는 것을 아는가? 감각형이 세상을 편하게 살 수 있는 실용적 도구를 만든다면 직관형은 세상을 혁신적으로 변화시킬 것을 만들어낸다.

이들은 큰 그림을 그리며 먼 미래의 비전을 설계하고 거기서 창의적인 아이디어를 찾아낸다. 나무보다 숲을 보며 미래를 설계하는 사람들이다. 그러다 보니 현실적인 행동을 하기보다는 가능성이 작더라도 의미 있는 행동을 하는 것을 즐긴다. 감각형이 과거의 경험에서 정보를 찾는다면 직관형은 미래의 목표에서 정보를 찾기 시작한다.

그렇기에 직관형에게는 현재보다 '미래의 목표'가 중요하다. 예를 들어, 작년에 10이라는 목표를 달성했는데, 올해 목표로 20이 주어졌다고 가정해보자. 이때 직관형은 20을 달성하기 위해 기존과는 다른 방법과 아이디어를 생각한다. 이 과정에서 기존에 10을 달성했던 방법들은 중요하지 않고, 오로지 새로운 목표를 달성하기 위해 새로운 방법을 찾는 것에 시간을 사용한다. '창의적이다, 아이디어가 신선하다'라는 말을 자주 듣지만 때로는 '4차원이다, 현실적이지 않다'라는 말을 듣는 이유도 미래의 높은 목표를 위해 현재 해야 하는 새로운 방법을 찾는 직관형의 경향 때문이라고 할 수 있다.

## 일상생활에서 나타나는 감각형과 직관형의 차이

### 1. 처음 가는 장소를 찾아갈 때

감각형은 구체적인 길을 찾으려고 노력한다. 네이버나 구글 지도를 펼치고 '○○ 지하철역 ○번 출구로 나가서 ○○편의점을 끼고 오른쪽으로 꺾어서 김밥천국이 나올 때까지 걸어가면 오른쪽에 ○○ 매장이 있는 건물의 2층이 바로 목적지'라는 것을 인지하고 간다. 그래서 감각형은 한번 가본 길을 다시 갈 때 기억을 잘하는 편이다. 건물의 구체적인 위치를 기억하고 있기 때문이다. 또 가급적 내비게이션이 안내하는 길로만 가는 편이다.

직관형도 지도를 보고 길을 찾는다. 하지만 구체적인 건물, 거리 등을 보는 것이 아니라 '이쪽으로 몇 분 정도 걸어가면 나오는 것 같아' 정도의 느낌이다. 그래서 가다가 왼쪽과 오른쪽 중 어디로 가야 할지 잘 기억하지 못하기도 한다. 만약 차를 타고 가다가 길이 막히면 내비게이션이 아닌, 자신의 느낌이 가는 대로 방향을 틀기도 하고, 기분에 따라 항상 가던 길이 아니라 안 가본 길로 가기도 한다. 이런 새로운 시도를 통해 직관형은 새로운 것들을 발견하게 되는 것이다.

또, 다른 사람에게 장소를 알려줄 때도 감각형과 직관형의 차이가 나타난다. 감각형은 '왼쪽으로 꺾어서 200미터 걸어오면 스타벅스가 오른쪽에 있어. 스타벅스를 끼고 오른쪽으로 돌면 2번째 건물 1층에 편의점이 있는데, 그 바로 옆 계단을 이용해서 2층으로 12시까지 오면 돼'라고 설명해준다. 반면 직관형은 '왼쪽 방향으로 조금만 오면 스타벅스가 있는데 거기서 가까워. 아니면 근처에서 사람들에게 물어봐. 다 알 거야'라고 표현한다.

## 2. 시험 공부를 할 때

감각형은 구체적으로 꼼꼼히 메모하는 것을 좋아한다. 선생님이 하신 말씀을 있는 그대로 받아 적거나 자신이 공부해야 할 부분을 다시 메모지에 요약한다. 그 메모를 바탕으로 학습을 하면 수업 시간에 들었던 이야기들이 다시 떠오르는 편이다. 메모하는 훈련은 기억을 오래 지속시켜 주기도 하고 시간이 오래 걸리는 단점이 있지만, 자세하게 학습을 할 수 있다는 강점 때문에 감각형들은 메모하고 기록하며 공부의 경험을 늘려가는 방식을 선호한다.

직관형은 눈으로 보고 귀로 듣는 것을 선호한다. 손으로 문제를 풀면서 깜지나 연습장을 한 장, 두 장 늘려가는 감각형과는 다르게 직관형은 동영상을 보거나 생각을 하면서 눈으로 공부하는 것을 선호한다. 직관형도 학습을 하면서 메모를 하지만, 감각형과는 다르게 선생님의 말씀을 있는 그대로 메모하는 것이 아니라, 선생님의 이야기를 듣다가 문득 든 자신만의 생각이나 그림, 키워드들을 기록한다. 감각형이 직관형의 공부 모습을 보면서 '너 공부 안 하고 뭐하니? 그림 그리니? 낙서해?'라고 물어보는 이유는 둘의 학습 방식 차이에서 오는 것이다. 실례로 IS인 필자의 공부 방식은 '혼자서 책과 연습장, 볼펜'을 가지고 열심히 시간을 투자하는 것이었다. 그런데 어느 날 EN인 대학원생이 '나는 코치님처럼 공부를 하면 답답해서 안 되더라고요. 저에게 맞는 방법이

따로 없을까요?'라며 질문을 해온 적이 있었다. 이때 집중이 되는 환경과 좋아하는 방법들에 대해 대화하다가 결론적으로 '함께 토론하고, 서로에게 질문하고 답변하는 형태로 공부할 수 있는 친구들과 함께 스터디를 하면 어떨까?'라고 제안한 적이 있었다. 외향형과 직관형이 선호하는 행동을 공부에 적용한 것이다. EN인 대학원생은 바로 동기들과 연락을 주고받으며 3명의 스터디 모임을 구성했고, 그 스터디를 통해 서로에게 도움이 되는 정보를 공유하고, 모여서 토론하는 방법으로 학습을 시작했다.

　물론 자신에게 맞는 학습 방법을 찾았다고 해서 바로 공부를 잘하게 되는 것은 아니다. 하지만 전과는 다르게 즐겁게 공부를 하고 몰입할 수 있도록 도움을 받을 수는 있다. 같은 8시간을 공부한다고 할 때 몰입하며 공부하는 사람과 지루하다고 느끼는 사람 중에 누가 더 좋은 성적을 낼 수 있을까? 비슷한 노력을 기울인다면 결국 전자의 성적이 좋을 수밖에 없다.


　만약 나에게 감각형과 직관형 중 누구와 함께 일을 하고 싶은지 고르라고 하면 나 또한 바로 고르기는 어려울 것 같다. 그만큼 서로의 특징이 달라 장단점이 있을 뿐 우열이 있는 것이 아니다. 예를 들어, 나의 경우 감각형이다 보니 감각형과 함께 일을 하면 소통이 수월하다. 비슷한 방식으로 정보를 탐색하기 때문에 의견을 공유하고 확장시키기가 편하다. 하지만 우리 둘이 모두 경험

## 감각형과 직관형의 차이

| 감각형(S) | 직관형(N) |
|---|---|
| ① 실제적인 정보를 선호한다. | ① 직감/영감을 주는 정보와 사람을 선호한다. |
| · 비유적·상징적인 표현보다 숫자와 같이 구체적이고 정확한 표현을 더 잘 이해 | · 상상 속에 나만의 친구나 매개체가 있기도 함 |
| · 손으로 직접 조작하는 것을 좋아함 | · 새로운 것, 전에 없었던 것, 아름다운 것에 호기심이 많음 |
| ② 현실적인 문제에 초점을 둔다(벌어지지 않은 일에는 관심이 없다). | ② 미래 목표와 가능성에 초점을 둔다. |
| · 현재 드러난 문제에 집중하고, 그 문제가 해결되거나 변화하는 것을 선호 | · 하고 싶다, 되고 싶다는 꿈이 크고 많음 |
| | · 현재보다 미래의 모습을 그리며 지금 해야 할 것을 설계 |
| ③ 관찰력이 뛰어나 구체적이고, 세밀한 것을 잘 감지한다(나무를 본다). | ③ 큰 그림, 이면의 모습, 맥락을 잘 감지한다(숲을 본다). |
| · 주변 사람들의 외모나 특징을 잘 기억 | · 보이는 것보다 그 이면의 Why에 집중 |
| · 공부할 때 세부적인 내용을 메모 | · 현상이 아닌, 그 현상들의 연결고리를 느낌으로 찾음 |
| ④ 단계별로 진행한다(프로세스적). | ④ 한 번에 뛰어넘을 수 있다고 생각한다(비약적). |
| · 하나의 단계가 끝나면 다음 단계로 이어가는 방식을 선호 | · 비약이 심해 뜬금없다는 말도 자주 하는 편 |
| · 구체적으로 소통하다가 핵심을 놓치거나 '마이크로하다'는 피드백을 받기도 함 | · 현실적인 제약보다 가능성에 더 초점을 두고 계획 |
| ⑤ 자신 또는 조직의 과거 경험을 중요시한다. | ⑤ 가능성, 창의성을 중요시한다. |
| · 새로운 방법을 시도하는 것보다 과거에 성공한 방법을 선호 | · 새로운 것에 관심이 많고 배우고 싶어 함 |
| · '해봤어? 나는 해봤어'라는 표현을 자주 함 | · 창의력과 상상력이 풍부하다는 말을 자주 듣는 편 |
| ⑥ 과거에 해 봤던 방법을 먼저 따른다(사례를 중요하게 여긴다). | ⑥ 기존과는 다른 새로운 방법을 시도하는 경향이 있다(독창적). |
| · 새로운 일보다는 익숙한 방법을 선호 | · 기존에 해보지 않았던 다른 방식을 선호 |
| · 새롭게 시도하는 방식을 결정할 때 다양한 사례와 레퍼런스를 찾아서 검증 | · 다른 사람들이 생각지도 않은 엉뚱한 행동이나 말을 할 때가 있음 |

하지 못했던 새로운 것을 시도하기는 정말 어려울 것이다. 반대로 직관형과 함께 일을 하면 감각형인 나는 답답할 수 있다. 내가 볼 때는 말도 안 되는 아이디어를 제안하고 대화의 연결이 잘 되지 않을 수도 있기 때문이다. 하지만 덕분에 새로운 것에 도전할 수 있고 내가 몰랐던 것들을 계속 알아갈 수 있다는 강점이 있다. 결국 선택은 어떤 유형과 함께 일할 것인지를 고르는 것이 아니라 '나와 함께 일하고 있는 사람의 유형을 알고 어떤 방식으로 함께 시너지를 내서 일할 것인가?'라고 생각한다.

# 해결책을 주는 사람
# VS
# 공감해주는 사람

심리 기능 중에서 수집한 정보를 바탕으로 의사결정을 하는 유형에 따라 사고형(Thinking)과 감정형(Feeling)으로 나뉘게 된다. 우리는 이것을 판단 기능이라고 이야기한다. 판단 기능의 역할은 선택과 의사결정을 어떤 방식으로 하느냐다.

## 해결책을 주는 사고형(T)

사고형은 의사결정을 하기 위해 언제나 객관적, 논리적, 분석적으로 접근하는 것을 선호한다. 사고형 인재들에게는 언제나 기준, 원칙, 규범, 법규 등이 있다. 그러다 보니 비슷한 상황이 생기면 가능한 한 같은 의사결정을 한다.

이들은 사람을 평가할 때도 동일한 기준의 잣대를 들이댄다. 회사에서 한 직원을 평가해야 할 경우 상대방이 내 동기이든, 내가 싫어하는 사람이든, 심지어 내 가족일지라도 객관적인 기준에 따라 평가를 한다.

나 역시 극단적인 사고형에 가깝다. 그러다 보니 스스로를 평가할 때도 기준이 꽤 까다롭다. 예를 들어, 예전에 회사를 다닐 때 인사팀장으로서 좋은 성과를 거두었기 때문에 회사에서는 나에게 좋은 평가를 주었다. 하지만 개인적으로 미흡한 부분이 있다고 생각했고, 재평가를 요청해 한 단계 다운그레이드를 했다. 당시 대표님도 '처음 보는 독한 놈'이라고 했을 정도다.

이처럼 사실, 진실을 중요하게 생각하는 사고형은 감정형들에게 '차가운 사람' '냉정한 사람' '얼음공주'라는 말을 듣기도 한다. 하지만 사고형도 배려와 존중을 할 줄 안다. 단지 선택과 의사결정을 해야 할 때 모두가 인정하는 기준으로 하는 것뿐이다. 만약 사고형이 매우 분명한 직원에게 '왜 이런 일이 일어났을까? 그리고 대안은 뭘까?'라고 질문해 보면 그들은 근거 자료를 바탕으로 왜 그런 일이 일어났는지를 증명해 낸다. 대안 또한 명확한 근거가 있는 방안으로 제안할 것이다.

# 공감을 해주는 감정형(F)

감정형은 비슷한 상황에서 의사결정을 하는데도 사고형과는 반대로 매번 다른 결과가 나타날 수 있다. 그들은 상황에 따라 주관적인 기준으로 판단을 하기 때문이다.

예를 들어, 감정형은 의사결정을 할 때 '대상이 되는 사람이 누구인가? 이렇게 판단하면 어떤 파급 효과와 영향력이 발생하는가? 이 의사결정을 하게 된다는 것은 어떤 의미를 담고 있는 것인가?'를 고려하는 것이다. 그러다 보니 감정형은 같은 문제 범주 안에서도 해결법이 달라진다.

그러면서 감정형은 '그때랑 지금은 상황이 달라'라고 이야기한다. 사람, 의미, 관계, 영향 등을 중요하게 생각하기 때문에 '인간미가 넘친다' '사람을 중요하게 생각한다' '따뜻하다'라는 칭찬을 듣기도 하지만, 반대로 사고형들에게 '줏대없다' '기준과 원칙이 없어 너무 자기 마음대로다' '우유부단하다'라는 쓴소리를 듣기도 한다.

그럼에도 언제나 감정형 주변에는 사람들이 많이 있다. 나의 이야기에 관심을 가져 주고, 나를 찾아와 주고, 나의 감정에 공감해 주기 때문이다.

# 일상생활에서 나타나는 사고형과 감정형의 차이

## 1. 가족이 타인과 싸웠을 때

감정형 아내가 만약 옆집과 한바탕 말싸움을 하고 왔다고 가정해보자. 감정형은 사고형 남편이 집에 오자마자 기다렸다는 듯이 사건의 모든 것을 말하려고 한다. '오늘 옆집에서 아침에 어쩌구저쩌구해서 내가 짜증나서 이러쿵저러쿵했어!'

그런데 사고형은 바로 질문을 하기 시작한다. '그전에 무슨 일이 있었어? 옆집은 어떻게 행동했어? 그게 몇 시야? 그래서 당신은 뭐라고 했어?' 등등 팩트 위주로 세세하게 물어본다. 그리고 말한다. '그건 당신이 잘못했네….'

그러자 감정형 아내는 흥분하기 시작한다. '뭐야, 당신 보고 누가 잘못했는지 판단해달래? 그때 내가 얼마나 힘들었는지 알아? 됐어, 너랑 이야기한 내가 바보다!'

아마도 가장 흔한 사고형과 감정형 부부의 갈등 장면이 아닐까 한다. 감정형은 자신이 오늘 얼마나 힘들었는지 알아달라고 이야기를 시작했지만, 사고형은 사건의 사실관계를 확인하면서 누가 잘못했는지를 확인하고 있다. 누가 잘못한 걸까? 내가 봤을 때는 둘 다 문제가 있다. 상대 유형의 관점에서 생각하지 않고 자신의 이야기만 했기 때문이다.

만약 사고형이 감정형의 말을 듣자마자 '아, 오늘 힘들었겠네.

그래서 지금은 좀 괜찮아진 거야? 내가 가서 뭐라고 한번 해볼까?'라고 첫마디를 해줬다면 어땠을까? 그리고 천천히 사실관계를 확인하고, '당신도 힘들었을 텐데 옆집도 이러저러한 상황이라 조금 마음이 힘들었을 수도 있겠다'라고 말했다면 어땠을까?

또 감정형이 사고형에게 '오늘 내가 좀 힘든 일이 있었는데 그냥 들어만 줘'라고 이야기를 시작했다면 어땠을까? 무엇이 되었든 상대방의 특징을 알고 어떻게 반응할지 고려했다면 서로 좀 더 편안한 시간이 되지 않았을까?

### 2. 맛집을 찾을 때

사고형은 판단할 때 기준과 근거가 있다. 예를 들어 맛집이라고 한다면 SNS에 후기가 많은 곳, 맛집으로 인정받아 방송에 나온 곳, 오랫동안 장사를 해 전통을 인정받은 곳, 미슐랭 등 전문 미식 업체 추천 여부 등 객관적인 지표를 중요하게 생각한다. 일반적인 사람들이 모두 인정하는 기준을 토대로 음식점을 선택하는 것이다. 그리고 가장 중요한 것은 본인이 맛보고 만족해야 주변에도 맛집이라고 추천한다.

반면 감정형은 좀 더 주관적인 지표들을 기준으로 음식점을 선택한다. 'SNS에서 내 마음을 홀리게 하는 사진을 봤는가? 맛깔 나는 후기가 있었는가?' 등 자의적 지표들을 기준으로 선택한다. 또 상대방을 고려해 음식점 결정권을 양보하는 경우도 많다.

# 사고형과 감각형의 차이

| 사고형(T) | 감정형(F) |
| --- | --- |
| ① **논리적인 분석을 중요하게 생각한다.**<br>• 질문이 많고, 상황을 파악하려고 함<br>• 원인과 결과를 잘 연결시켜서 의사결정<br>• 다양한 원인을 찾기 위해 근거를 구분, 분석, 분류<br>② **외부 관찰자로 객관적 시각으로 본다.**<br>• 논리적이고 구체적인 설명으로 동료와 친구들을 잘 설득하는 편<br>③ **해결책을 제시한다.**<br>• 원인을 찾는 것이 먼저이고, 이후 문제를 해결하는 대안을 정하는 것을 선호<br>④ **정의, 공정을 중요하게 생각한다.**<br>• 법, 문화, 규칙에 따라 의사결정을 함<br>• 의사결정을 할 때 관계, 상황보다는 문제 해결에 집중<br>⑤ **사실과 진실에 관심을 갖는다.**<br>• Fact가 무엇이었는지에 호기심<br>⑥ **일/조직 중심이다.**<br>• 의사결정을 할 때 일의 성과, 조직의 성공을 중심으로 진행<br>• 관계를 형성하는 것보다 일을 더 잘하는 것에 관심 | ① **주관적인 가치를 중요하게 생각한다.**<br>• 나와 관계가 있거나, 내가 평소 믿을 수 있다고 생각하는 사람의 말에 더 집중<br>• 나를 필요로 하는 사람, 내 도움이 필요한 사람에게 더 관심을 가짐<br>② **내부 관계자로 주관적 시각으로 본다.**<br>• 객관적 시각보다 당사자와 같은 관점에서 공감하며 해결하려고 노력<br>• 주위에 불쌍한 사람이나 친구들이 있으면 마음 아파하고 도와주고 싶음<br>③ **관계와 조화를 중요하게 생각한다.**<br>• 감정이 풍부하고 인정이 많다는 말을 많이 듣는 편<br>• 관계가 좋은 사람과 있을 때 몰입되고, 불편한 사람이 있을 때 몰입이 저하되기도 함<br>④ **의미, 상황과 끼치는 영향을 고려한다.**<br>• 타인의 감정 파악에 빠르고 기민하게 반응<br>• 의사결정이 다른 사람에게 어떤 영향을 끼치는지를 고려<br>⑤ **사람/가치 중심이다.**<br>• 정이 많고 순하다는 말을 자주 듣는 편 |

# 시간을 통제하려는 사람
# VS
# 즉흥적으로 흘러가는 사람

　마지막 네 번째 선호 경향은 앞에서 말한 세 가지 경향이 어떠한 라이프스타일로 연결되는지를 표현한다. 먼저 앞의 세 가지 경향에 대해 다시 정리해보자.

　우선 본인의 에너지를 어느 방향으로 사용하느냐에 따라 외향형(다수, 행동, 말, 밖으로)과 내향형(소수, 글, 안으로)으로 나뉜다. 그리고 정보를 습득하는 방법에 따라 감각형(오감과 체험)과 직관형(육감과 촉)으로 나뉜다. 그리고 습득한 정보를 통해 의사결정을 하는 방식은 사고형(기준, 원리, 규칙 등)과 감정형(관계, 의미, 영향)으로 나뉘게 된다.

이러한 활동들이 표현되는 생활양식에 따라 판단형(Judging)과 인식형(Perceiving)으로 구분한다.

## 시간을 통제하려는 판단형(J)

주변 사람을 관찰해보면 항상 철저하게 계획적으로 생활하는 사람들이 있다. 그들은 꼼꼼하게 오늘 할 일, 내일 할 일, 심지어 다음 달 내가 해야 할 일을 미리 계획한다. 그냥 계획하는 것이 아니라, 목표를 달성하기 위해 연역적으로 시간대별로 설계를 한다.

그런 습관은 생활 속에서도 잘 발견되며 이들은 정리 정돈을 습관적으로 하거나 체계적으로 일을 진행한다. 심지어 주말에 내가 해야 할 일과 스케줄이 정리되어 있기도 한다. 그러다 보니 내 시간과 나와 함께하는 사람들의 시간, 그리고 회사에서의 일과 일하는 방식 등도 내 계획 안에서 통제하고자 한다.

이들에게 가장 중요한 것은 목표를 달성하는 것도 있지만, 반드시 시간을 지키는 것이다. 그래서 약속 시간에 늦는 사람을 매우 싫어하는데, 특히 자신이 계획한 스케줄을 수정하게 만드는 사람과 상황을 불편하게 여긴다. 판단형이 분명한 사람들에게는 변경되는 일정이 있다면 미리 조심스럽게 알려줘야 한다. 안 그러면 불편한 관계가 될 수도 있다.

판단형은 언제나 예측 가능한 일정 관리를 하고, 발생할 리스크에 대해 미리 준비를 한다. 목적과 가야 할 방향이 명확하기 때문에 길을 잃거나 딴 짓을 할 확률도 작다. 그래서 판단형과 일을 하면 일정 변경에 대한 스트레스는 적은 편이다.

## 즉흥적으로 흘러가는 인식형(P)

판단형과 정반대인 인식형에겐 어떤 특징이 있을까? 인식형에게는 언제나 유연한 사고가 존재한다. 목적과 방향도 언제든지 바뀔 수 있다고 생각한다. 물론 그에 맞춰 일하는 방식도 바뀔 수 있고, 일정 또한 언제든지 바뀔 수 있다. 인식형에게 완전한 것은 없다. 언제나 주변 환경이 변화하기 때문이다.

인식형도 계획을 세운다. 하지만 판단형이 그들의 계획을 듣는다면 아마 속이 터질지도 모른다. 인식형이 이야기하는 계획은 판단형에게는 아주 먼 목표에 가깝다.

예를 들어 여행 계획을 세웠다는 판단형을 만나면 그들은 이미 여행을 떠나기 전부터 여행을 준비한다. 비행기 표, 숙소, 여행 가서 꼭 가야 할 곳, 먹어야 할 음식, 사진 찍을 곳, 입을 옷 등을 미리 생각하거나 계획한다. 이들에게 여행은 출발하기 전부터 이미 시작된 거나 다름이 없다. 물론 인식형도 여행 계획은 세운다. '0일에 A라는 곳으로 여행을 간다. B라는 숙소에 묵는다. 그리고 00일에 다시 귀국한다.' 그들의 계획은 이것이 끝이다. 이처럼 둘 다 계획을 세우지만 '계획'라는 단어의 의미가 서로 다르다.

판단형인 나에게 인식형의 시간을 중요하게 안 여기는 점은 답답하기도 하지만 그들의 장점은 부럽기만 하다. 그들의 변화에 대응하는 마인드와 적응력, 계획 때문이 아닌 자발적으로 움직이는 동기부여는 참 대단하다. 언제 어디서나 지금을 즐기려고 하는 모습도 부럽다.

## 일상생활에서의 판단형과 인식형의 차이

### 1. 여행을 갈 때

위에서 말한 바와 같이 판단형은 세부적인 계획을 세운다. 이들에게 즐거운 여행이란 내가 세운 계획대로 다하고 왔다고 느낀 여행이다. 물론 여행에 관심이 없는 판단형은 아무 계획 없이 동료들을 따라다니기만 한다. 이것은 계획을 세우지 않는 것이 아니라 그냥 관심이 없는 것이다. 여행 계획에 따라 일행들을 끌고 다니는 경우를 보면 대부분 판단형이다.

반대로 인식형에게 즐거운 여행은 여행에서 느낀 새로움과 감정이다. 가고 싶었던 식당에 가지 못했어도 우연치 않게 들어간

로컬 식당에서 맛있는 음식을 찾았다면, 현지인과의 즐거운 추억이 하나 생겼다면 그곳에 태풍이 불든, 계획을 망치든 상관없이 즐거운 여행이라고 생각한다.

### 2. 친구와의 약속 시간에 늦을 때

판단형과 인식형 친구가 만나기로 약속했다. 이들은 어떻게 움직일까? 판단형은 약속 시간에 늦지 않도록 미리 시간 계산을 한다. 집에서 목적지까지 어떻게 가야 빨리 가는지를 찾아보고, 시간이 얼마나 걸리는지를 계산한다. 그에 따라 집에서 출발하는 시간을 정한다. 출발 시간이 정해지면 자연스럽게 아침에 일어나는 시간도 결정된다. 내가 준비하는 시간을 계산할 수 있기 때문이다. 그러면 전날 저녁에 잠자는 시간도 대략 정해진다. 최소한 나는 6시간 이상 자야 다음 날의 컨디션이 좋기 때문이다. 그래서 다음 날 약속이 있으면 늦게까지 휴대폰을 붙잡고 놀다가도 약속을 생각해 빨리 잠들려고 한다.

만약 판단형이 이런저런 이유로 약속 시간에 늦는다면 어떻게 할까? 아무리 친한 친구라도 판단형은 미리 연락을 한다. 지금 있는 곳은 ○○○인데, 길이 막혀서 10분 정도 늦을 것 같다고 도착 예정 시간을 미리 알려준다. 그러면서 가는 길 중간중간에도 자신의 동선과 도착 예정 시간을 실시간으로 공유한다.

인식형은 어떨까? 이들도 몇 시에 어디서 판단형 친구를 만난다는 계획이 있다. 그리고 그 시간에 맞춰 출발한다. 출발 시간이 몇 시인지는 모른다. 그냥 준비를 마치면 출발한다. 그런데 가다 보니 늦을 것 같다는 생각이 든다. 그래도 괜찮다. 친구가 기다려 줄 거라고 생각하기 때문이다. 그러다가 판단형 친구에게서 자신의 위치를 공유하는 연락이 온다. 그리고 '너는 어디야?'라고 묻는 판단형에게 인식형은 보통 '거의 다 와가. 금방 갈게'라고 대답한다. 이럴 경우, 판단형인 나는 궁금해진다. 인식형이 말하는 '금방'은 도대체 몇 분 후를 말하는 걸까?

이처럼 상황에 따라 판단형과 인식형은 서로 다른 라이프스타일로 행동한다. 하지만 무엇이 좋고 나쁘고의 기준은 없다. 단지 상황에 맞는 행동을 하는가? 이것 하나만 생각해 보면 좋을 것 같다.

# 판단형과 인식형의 차이

| 판단형(J) | 인식형(P) |
| --- | --- |
| ① **목표 지향적이다(결론 중심).**<br>· 목표가 뚜렷하고 그 목표를 달성하기 위해 계획을 세움<br>· 목표와 데드라인이 결정되면 그때부터 프로세스적으로 업무를 계획<br>② **삶을 계획적으로 살고 싶어 한다(계획적, 통제).**<br>· 계획에 따라 규칙적인 생활을 하는 편<br>· 계획에 없던 일을 급하게 해야 하는 상황을 불편하게 여김<br>③ **구조화와 순서를 좋아한다.**<br>· 대개 해야 할 일의 순서를 정해놓고 행동함<br>· 예정에 없던 일이 발생하면 기존의 순서를 수정하고 디테일한 새 계획을 수립<br>· 깨끗이 정돈된 상태를 선호(정리 정돈을 잘하는 것과 상관 없음)<br>④ **시간을 정확하게 지키려고 한다.**<br>· 마지막 순간에 쫓기면서 일할 때 스트레스를 받음<br>· 스케줄을 세밀히 짜 놓고, 그 스케줄에 따라 미리 실행하는 것을 선호(시험 일정이 나오면 남은 시간 동안 시험 준비를 위한 학습 일정을 계획하고 실행)<br>· 마감일에 맞춰 계획하고 하나씩 지워가면서 일하는 것을 선호 | ① **과정 지향적이다.**<br>· 결과보다 과정을 더 중요하게 여김<br>② **삶이 흘러가는 대로 적응한다(자율적, 개방).**<br>· 주변에 일어나는 일들에 호기심이 많고 새로운 상황에 잘 적응<br>· 업무나 일정에 변화가 필요할 때 좀 더 편안하게 수용하는 편<br>③ **시간 변경은 융통성 있게 가능하다고 생각한다.**<br>· 중요한 것 중심으로 계획하고, 그 계획이 수정되는 것에도 수용적인 태도를 보임<br>· 즉각적으로 반응하는 속도가 빠른 편<br>· 과정에서의 변화와 주도권이 없을 때 스트레스를 받는 경향<br>④ **마감일에 가까워졌을 때 집중한다.**<br>· 마지막 순간에 한꺼번에 업무를 진행하는 경향<br>· 시간적 여유가 있을 때보다 마감에 임박했을 때 더 몰입 |

# MBTI는 무엇의 약자일까?

MBTI는 미국의 이사벨 브릭스 마이어스와 그의 모친인 작가 캐서린 쿡 브릭스가 분석심리학의 창시자이자 스위스의 정신분석학자 카를 구스타프 융의 심리유형론을 바탕으로 1944년 수많은 사람의 행동을 관찰, 기록하면서 정리해 개발한 자기 보고식 검사로 심리적 선호를 측정하는 심리 검사이다.

MBTI는 '마이어스-브릭스 유형 지표'(Myers-Briggs Type Indicator)의 약어로, 전 세계적으로 가장 많은 사람이 사용하는 성격 유형 검사 중 하나다. 많은 분이 MBTI는 주민등록증에 기록해야 한다고 할 정도로 우리나라에서는 모르는 사람이 없을 정도다.

이 지표는 사람의 성격을 16가지 유형으로 나눠 설명하는데, 외향형(E)↔내향형(I), 감각형(S)↔직관형(N), 사고형(T)↔감정형(F), 판단형(J)↔인식형(P) 등 네 가지 선호 지표로 표현해준다. 간단하게 이야기하면 사람들 간의 마음과 생각, 그리고 행동의 차이를 이해하는 데 도움을 받을 수 있는 심리 검사라고 생각하면 좋을 것 같다.

그런데 MBTI를 신뢰할 수 없는 도구라고 인식하는 사람들이 많이 있다. 하지만 셀프 체크를 하는 모든 심리 검사는 동일한 약점을 가지고 있다고 생각한다. 건강검진과 다르게 내가 체크하는 대로 결과가 다르게 나오기 때문이다. 또한 MBTI만큼 지속적으로 연구가 되고, 자주 논문으로 발표되는 심리 검사도 없다. 하지만 주변에 MBTI인 것처럼 차용한 모방품들이 많이 있기에 진짜 MBTI를 제대로 이해하는 것이 필요하다. 특히 '16personalities' 라고 불리는 모바일 도구 등 꽤 많은 MBTI 모방품들이 있는데, 기본적으로 한국에서 전문 자격을 갖춘 전문가를 통하지 않거나 어세스타의 MBTI 도구를 활용하지 않은 무료 검사는 모두 모방품이라고 생각하면 좋다. 이렇게 모방품이 많은 이유는 간단하다. 그만큼 MBTI를 많은 사람이 궁금해하고 자신의 삶과 일 속에서 적용하고 있기 때문이다.

MBTI가 사람들이 많이 찾는 도구이기 때문에 모방품들이 많이 나오니, 전문가 입장에서는 불안한 마음이 더 큰 것도 사실이다. MBTI는 심리 검사 도구이지만 MBTI를 활용하는 사람들은 나를 이해하는 도구로, 나의 가족이나 친구를 이해하는 도구로, 그리고 MBTI를 통해 함께 일하는 동료를 이해하는 도구로 활용한다. 나같은 경우는 일을 더 잘할 수 있도록 일하는 방식을 결정하는 도구로 활용하기도 한다. 그런데 나를 제대로 표현하지 않은 잘못된 결과를 가지고 있거나, 잘못된 방식으로 사용하게 될 경우 더 혼란을 줄 수도 있다. 사람을 하나의 모습으로 단정 짓는 것은 불가능하기 때문이다.

아무리 타고난 선호를 특정하는 MBTI일지라도 우리는 언제나 외부 환경과 내 감정에 영향을 받는다. 나 또한 명확한 MBTI를 가지고 있지만, 최근에는 '갑자기 왜 그래?' '평소에는 이런 거 안 좋아했잖아?'라는 말을 자주 듣곤 한다. 이유는 내가 가진 고유한 특징과는 다르게 행동하는 경우가 자주 있기 때문이다. 가족이나 동료에게 맞추기 위해서 내 행동을 바꾸기도 하고, 이유 없이 평소와는 다른 행동을 하고 싶을 때도 있다. 이처럼 과거의 나와 지금의 내가 다르다는 것은 성장하는 과정에서 내가 동의했거나 동의하지 않았던 어떤 외부의 영향이 나에게 왔다는 의미이고, 그 영향이 지금의 나를 만들었다는 의미다. 하지만 변화의 시작은 바로 '타고난 나의 선호'다.

MBTI는 한 개인의 과거와 현재 그리고 미래를 보여주는 도구다. 주도적인 삶을 개척해 간다는 의미에서 MBTI는 과거 외부 환경들 중에 나에게 긍정적 영향을 준 요인과 사람, 부정적 영향을 준 요인과 사람을 구분할 수 있게 해준다. 그리고 그것을 인지하는 순간 지금부터 나에게 영향을 주는 긍정적, 부정적 영향에 내가 더 적극적으로 대처할 수 있게 된다.

그렇기에 MBTI를 통해 과거의 나와 현재의 나, 그리고 미래의 나에게 영향을 끼친 외부의 환경을 회고해 보는 시간을 가져보길 추천한다. 미래의 나에게 영향을 끼치는 외부적인 요인과 내부적인 요인을 구분해서 내가 동의하는 부분들로 나의 미래를 설계하기 위해서다.

진짜 MBTI를 찾았다면, 아니 나의 MBTI를 찾아가는 과정에 있다면 MBTI라는 렌즈를 바탕으로 내 삶을 더욱 가치 있게 만들어 보는 도구로 활용해 보면 어떨까?

2장

# MBTI를 알면
# 성과가 달라지는 이유

# N의 기획이 S를 만났을 때

# 타인을 파악하는
# 나만의 블랙박스, MBTI

MBTI를 알면 내가 어떻게 생각하고 판단하는가에 대해서도, 또 상대가 어떻게 생각하고 판단하는가에 대해서도 어느 정도 구체적으로 예측할 수 있다. 즉 '타인을 이해하는 관점'이 달라진다. 개개인의 특징을 중요하게 여기는 초개인화 시대에 MBTI 궁합 등이 유행하는 것도 그런 이유가 아닐까. 과거에는 뛰어난 1인이 조직을 움직였다면 지금은 다양한 지식과 경험을 가진 동료들이 모여 상호작용을 통해 더 높은 퍼포먼스를 만들어 가는 시대다. A급 한 명이 아닌 개인의 고유한 특징을 존중하면서 각자가 가지고 있는 강점과 지식, 경험을 활용해 팀으로 성과를 내기 위해서는 나와 타인을 파악할 수 있는 도구인 MBTI가 유용하다.

여기서 무엇보다 중요한 원칙이 있다. MBTI는 정답이 아니다. MBTI는 맞는 사람, 안 맞는 사람을 구별하는 정답지가 아닌 서로가 가지고 있는 고유한 특징을 이해하고, 그 차이를 구분하는 데 도움을 주는 도구다. 그래서 내가 MBTI 워크숍을 진행할 때 가장 먼저 알려주는 것도 바로 '우리는 서로 다르다'라는 관점이다. 사람들은 각자가 가진 판도라의 상자가 있다. 이를 블랙박스(Black Box)라고도 하는데, 다른 사람들의 말과 행동을 보고 내 관점으로 그의 말과 행동을 판단하는 것을 의미한다.《Leadership and Self-Deception: Getting Out of the Box》를 펴낸 어빈저 인스티튜트는 상대가 무슨 말을 하든 내가 마음속에서 상대를 어떻게 느끼고 있는가에 따라 나의 생각이 달라진다고 말했다. 즉, 모든 사람은 자기기만이라는 행동을 할 수 있다는 것이다.

## 추론의 사다리로 보는 관점의 차이

각각 자기만의 관점이 있다는 것을 설명하기 위해 주로 사용했던 프레임이 하버드대 교수 크리스 아지리스가 제안한 '추론의 사다리(Ladder of Inference)'다. 이는 상대방의 행동을 내가 가지고 있는 기준과 관점에서 판단하는 생각의 프로세스를 보여준다. 그렇기에 회사에서 내향형인 '백 과장'이 똑같은 행동을 해도 외향형 리더와 내향형 리더는 이를 자신만의 관점에서 서로 다르게 볼 수 있다.

### 1. 외향형 리더가 회의에서 자신의 의견을 잘 말하지 않는 백 과장을 관찰했을 때

외향형 리더가 가지고 있는 선호 특징 중에는 '열성적으로 표현하고, 말로 표현하는 것을 편하게 여기는 것'이 있다. 그러니 백 과장이 말을 많이 하지 않는 행동은 외향형 리더에게는 못마땅하게 보일 뿐이다. 외향형 리더는 자신의 생각을 적극적으로 이야기하고 표현하면서 대화와 토론을 하는 것이 익숙하다. 만약 표현하지 않을 때는 그 주제에 관심이 없거나 내가 적극적으로 하지 않아도 될 때다. 그래서 자신의 의견을 잘 표현하지 않는 내향형 팀원의 행동을 보면 '일을 더 잘하려고 하지 않네? 회의 주제와 팀의 목표에 관심이 없나?'라고 생각하게 되는 것이다. 오해가 생기고, 그 오해가 반복해서 쌓이면 이제는 내향형 구성원을 리더십이 없는 팀원으로 평가하게 된다. 외향형 리더만의 렌즈가 생긴 것이다. 그렇다면 내향형 리더는 어떻게 백 과장을 볼까?

### 2. 내향형 리더가 회의에서 자신의 의견을 잘 말하지 않는 백 과장을 관찰했을 때

내향형 리더는 외향형과는 다르게 선호 특징 중 '생각하고, 글

# 외향형 리더의 추론의 사다리

⑦ (나의 믿음에 근거해서) 행동을 취한다.
백 과장에게 리더십 평가를 낮게 주고,
다음 리더로 추천하지 않는다.

⑥ 내 생각을 확신한다.
백 과장은 리더십이 없다.

⑤ 결론을 내린다.
백 과장은 개인적이고, 팀을 생각하는 마음이 부족하다.

④ 내 관점을 가지고 (상대방 행동의 이유와 목적, 의도를) 추정한다.
백 과장은 더 좋은 아이디어와 생각이 있지만 이야기를 하지 않았다.

③ 의미를 부여한다.
백 과장은 과장으로서 팀을 위해 적극적으로 자신의 의견을
제시해야 하는 연차인데, 팀 공동의 목표에 관심이 없고 적극적이지 못하다.

② 모아진 데이터를 통해 선택한다.
백 과장은 수동적이고, 내성적이다.

① 행동을 관찰한다.
팀 회의를 할 때마다 백 과장이 '저도 동의한다' '괜찮을 것 같다' 정도의
의견만 내고, 먼저 의견을 내거나 적극적으로 소통하지 않는다

# 내향형 리더의 추론의 사다리

⑦ (나의 믿음에 근거해서) 행동을 취한다.
백 과장이 회의 전에 먼저 생각하고
정리할 수 있는 시간을 갖도록 주요 내용을 미리 공유한다.

⑥ 내 생각을 확신한다.
백 과장이 적극적으로 회의에 참여하기에는 미리 생각할
시간이 부족해서 자신 있게 의견을 이야기하지 못했다.

⑤ 결론을 내린다.
백 과장도 회의에 적극적으로 참여하고 싶어 한다.

④ 내 관점을 가지고 (상대방 행동의 이유와 목적, 의도를) 추정한다.
백 과장에게 생각할 충분한 시간이 주어지지 않아서 회의 시간에
자신의 생각을 이야기하는 것에 부담을 갖고 있다.

③ 의미를 부여한다.
백 과장은 과장으로서 팀을 위해
조금 더 적극적으로 자신의 의견을 제시하고 싶어 한다.

② 모아진 데이터를 통해 선택한다.
현재의 상황이 백 과장에게는 불편한 상황이다.

① 행동을 관찰한다.
팀 회의를 할 때마다 백 과장이 '저도 동의한다' '괜찮을 것 같다' 정도의
의견만 내고, 먼저 의견을 내거나 적극적으로 소통하지 않는다.

로 표현하는 것을 편하게 생각하는' 특징이 있다. 그렇기에 말을 많이 하지 않는 백 과장의 행동은 내향형 리더에게는 당연한 행동일 수밖에 없다.

내향형은 자신의 생각을 이야기할 때 '미리 생각하고 정리하는 시간'이 필요하다. 어떤 내향형은 자신이 전에 알고 있었거나 직접 경험해 봤던 케이스를 되짚어 보는 시간이 필요하기도 하고, 또 다른 내향형은 다양한 상상을 해보며 머릿속으로 정리하는 시간이 필요하다. 이 점을 알고 있기에 내향형 리더는 백 과장에게 따로 생각할 시간을 주는 행동을 취하게 된다.


## 내향형도 말이 많을 때가 있다

다시 한번 강조하지만 MBTI는 딱 정해진 정답이 아니다. 나를 이해하고, 다른 사람을 이해하는 데 편견을 갖지 않는 관점이 무엇보다 중요하다. 예를 들어 백 과장 같은 내향형은 모두 자신의 이야기를 나누는 것을 불편하게 여기고, 수동적으로 의견을 제시할까? 그렇지 않다. 내향형도 외향형처럼 적극적이고 활동적으로 행동하는 두 가지 상황이 있다.

첫 번째는 '편한 사람들과 함께 있을 때'다. 내향형은 친밀한 소수의 사람들과 함께 있을 때 그 누구보다 더 적극적으로 자신의 생각을 표현하고 행동한다. 그래서 친한 친구들이나 회사 동료들과 있을 때는 적극적으로 의견도 내고, 노래하거나 춤추는 등의 행동을 보이기도 한다. 친밀한 사람들은 이미 나에 대해서 많이 알고 있고, 나 또한 그들을 잘 알고 있기 때문에 어떤 말과 행동을 하더라도 심리적 안전감을 가질 수 있기 때문이다. 이는 직장, 친구, 가족 모두에게 해당한다. 직장에서 함께 일하는 동료들에게 친밀감을 느끼게 된다면 내향형인 사람도 그 팀 안에서는 다른 곳에서와는 다른 행동을 보인다는 의미다.

두 번째는 '내가 평소 관심을 가지고 있는 주제에 대해 이야기할 때'다. 내향형인 나 또한 코칭, 리더십과 조직문화, MBTI, 비숑 강아지, 야구 등과 같이 평소 많은 고민과 정보를 가지고 있는 주제에 대해 이야기를 나눌 때면 그 누구보다 더 적극적으로 표현한다. 이때는 내향형이 외향형으로 변한 것이 아니라 평소보다 조금 더 자신감이 생겼기 때문이라고 보는 것이 맞을 것 같다. 내향형은 행동을 하기 전에 먼저 충분한 시간을 두고 생각을 한다. 그런데 이미 많은 고민과 생각, 관심을 가지고 있는 주제들은 평소에 많은 정보를 축적해 두었고, 내 의견도 어느 정도 방향성이 정해져 있기 때문에 조금 더 빠르고 적극적으로 표현할 수 있는 것이다.

나 역시 내향형이지만, 인사팀과 인재개발팀 그리고 조직문화라는 과업을 오랜 시간 맡아오면서 많은 직원 앞에서 강의를 하거나 사회를 보고 또는 1 ON 1으로 대화를 나누는 것이 익숙해졌다. 처음 다니던 직장에서 매주 월요일 200~300명이 넘는 부서원들이 모이는 회의에서 사회를 맡아 진행했는데 사회를 보는 것이 어렵거나 떨리지 않았었다. 그래서 지금까지 강의를 5000시간 넘게, 코칭도 거의 900시간 정도 할 수 있었던 것 같다.

심지어 이 회의 시간에 한 주 동안 생일인 직원들을 앞으로 나오게 해서 선물과 케이크를 주고 생일 축하 노래를 불러 주는 전통이 있었는데, 진행하고 노래를 유도하는 것도 전혀 어렵지 않았다. 그런데 사회자인 내 생일이 있는 주간에는 가급적 휴무를 쓰고 사회를 다른 직원에게 맡기려고 했다. 왜일까? 만약 당신이 내향형이라면 그 이유를 짐작할 수 있을 것이다.

주어진 과업이나 자신이 익숙한 주제에 대해선 다른 사람들 앞에서 이야기하는 것이 불편하지 않았지만, 그 상황이 만약 개인적인 부분을 노출하는 것이라면 내향형인 나에게 불편해서 회피하고 싶었기 때문이다.

물론 나 역시 처음부터 다른 사람 앞에서 강의하는 것이 익숙했던 것은 아니었다. 그래서 친한 몇 명 앞에서 강의를 해보며 익숙해지는 시간을 가졌고, 동일한 주제를 다양한 사람들 앞에서 강의하면서 그 주제에 익숙해지는 시간을 가졌다. 익숙한 환경에서 조금씩 처음 만나는 사람들 앞으로 나아갔고, 소수의 사람에서 다수의 사람으로, 익숙한 주제에서 처음 해보는 주제로 내 강연 환경도 바뀌게 되었다.

이처럼 내향형과 외향형에 따라 선호하는 환경과 불편해하는 환경이 다르다. 그렇기에 나를 알고 나에게 맞는 방법을 찾는다면, 시간이 조금 느릴 수는 있어도 하지 못할 것은 전혀 없다는 걸 명심하자.

# 일터에서의
# 외향형(E)과 내향형(I)

외향형과 내향형은 뚜렷하게 구분할 수 있는 특성이다. 그렇다
면 이들은 일터에서 어떤 행동 차이를 보일까?

## 회의할 때의 외향형과 내향형

에너지를 외부로 사용하는 것을 편하게 여기는 외향형은 다양
한 사람들과 대화하는 것을 좋아하는 편이다. 목소리에는 힘과 에
너지가 실려 있는데, 중요하다고 생각하는 이야기에는 소리가 더

커지기도 한다. 웃고 박수치고, 어떨 때는 옆에 있는 말없는 동료에게 '○○님은 어떻게 생각해요? 어떤 생각을 하는지 궁금해요'라고 물으며 회의를 진행하기도 한다. 그 누구보다 주도적으로 이야기를 하는 외향형을 볼 때면 내향형인 필자는 '와~ 어떻게 에너지가 저렇게 넘치지?'라는 부러운 마음을 갖기도 한다. 그런데 외향형이 회의 시에 꼭 긍정적인 것만은 아니다. 한편으로는 생각 없이 말하는 것 같기도 하고, 다른 사람들에게는 이야기할 기회를 주지 않고 자신의 이야기만 하기도 한다. 너무 소리가 커서 옆 회의실 사람들에게 피해를 주지는 않나 걱정되기도 하고, 정해진 회의 시간 중에 혼자서 이야기를 많이 하느라 정작 중요한 정보는 공유하지 못하고, 의사결정도 어쩔 수 없이 급하게 하기도 한다.

반대로 에너지를 안으로 사용하는 것을 편하게 여기는 내향형은 어떻게 회의에 임할까? 조곤조곤 의견을 말하기도 하고, 이야기할 내용을 적어 오거나 PPT로 보여 주며 생각을 전달하여 '준비성이 좋다'는 칭찬을 받기도 한다. 회의할 때 메모를 하곤 하는데, 회의가 끝나면 참석한 사람들에게 기록한 내용을 공유해줘서 회의 안건이 실행될 수 있도록 도와주기도 한다.

그런데 '다른 의견 있으신 분?'이라는 질문에는 선뜻 손을 들거나 자신의 의견을 명확하게 공유하지 않는 소극적인 행동을 자주 보여준다. 회의 때 자주 하는 말이 '저도 비슷하게 생각한다'인데, 그래서인지 내향형인 사람은 도대체 어떤 생각을 하는지 잘 모르겠다는 이야기가 들리기도 한다.

　회의의 목적은 '정보 공유'와 '의사결정'이다. 그렇다면 이 목적을 달성하기 위해 외향형과 내향형은 어떻게 행동하는 것이 좋을까? 서로의 강점을 취하고 약점을 관리하는 방법을 다음과 같이 제안한다.

### 1. 외향형은 함께 토론을, 내향형은 혼자 생각을

　회의 전 어젠다와 회의에서 나눌 질문을 미리 공유하되 외향형은 대화하는 것을 편하게 여기는 사람들과 함께 어젠다의 내용으로 5~20분 정도 미리 토론을 하고 회의에 참석하면 좋다. 대화를 하면서 자신의 생각을 정리하는 것이 조금 편하기 때문이다. 이때 내향형은 혼자서 생각하는 시간을 가지며 회의 내용과 함께 질문에 대해 내 생각을 글로 정리해 보면 좋다. 간단하게 키워드 중심으로 기록해 보는 것도 도움이 된다.

### 2. 외향형은 시간을 줄이고, 내향형은 시간을 늘리고

　회의 시간에 주로 이야기하는 사람들로는 진행자와 외향형이 많다. 외향형은 회의가 충분히 활성화되는 데 도움을 주기도 하지만, 다른 사람들이 이야기할 수 있는 시간을 빼앗기도 한다. 반대로 내향형들은 발표나 반대 의견을 내는 것을 조금 불편하게 여기는 성향이 있어서 외향형이 자신의 생각을 이야기하는 시간을 많이 사용하고 내향형이 시간을 적게 사용할 경우 충분한 정보 공유가 이뤄지지 않을 수 있다.

그래서 다양한 의견을 주고받을 수 있도록 외향형은 발언 시간을 줄이고, 내향형은 불편하더라도 소신 있는 발언을 할 필요가 있다. 이때 '포스트잇'을 사용해보자. 서로의 생각을 이야기하기 전에 3~5분 정도 짧은 시간을 주며 지금 내 생각을 포스트잇에 한번 적어 보는 시간을 갖는 것이다. 이렇게 생각을 글로 정리하는 시간을 주면 외향형과 내향형의 시간 사용을 조절하면서 다양한 의견들을 낼 수 있는 환경이 만들어지기도 한다.

### 3. 외향향은 리액션을, 내향형은 기록을

외향형의 강점 중 하나는 웃기도 하고, 칭찬을 하기도 하는 등 긍정적인 리액션을 통해 회의 시간을 활기차게 만들어 준다는 것이다. 내향형 중에서는 정리하는 것을 좋아하는 사람에게 회의 내용을 기록하고 회의 이후에 공유할 수 있도록 과업을 미리 준다면 각각의 강점에 맞는 행동이 반복될 수 있다.

## 영업을 할 때 외향형과 내향형의 방식

영업 업무에서 어떤 기능의 사람이 더 매출을 잘 올릴 수 있을까? 흔히들 외향형이라고 생각한다. 나 역시 그렇게 생각했던 적이 있었고, 외향형처럼 행동하려고 노력했었던 적도 있었다. 그런데 외향형의 업무 방식을 내가 직접 겪어보고 난 후 그 생각이 바뀌었다. 처음 내가 직장 생활을 시작했을 때 전략기획으로 합격했지만, 첫 번째로 배치된 부서는 아동복 영업부였다. 내향형인 나로서는 처음엔 '퇴사해야 하나? 퇴사하라는 메시지인가?'라고 고민했지만, 첫 번째 직장 생활이었기 때문에 '조금 더 다녀보자'라는 마음을 가지고 버텨보기에 들어갔다.

당시 영업부는 우리 브랜드 매장을 열고 싶어 하는 예비 창업자들을 만나 제품과 브랜드를 소개하고, 원하는 지역에 적합한 매장을 찾아 운영할 수 있도록 하는 컨설팅 역할을 담당하고 있었다. 특히 일을 잘한다고 하는 선배들을 보면 '말을 잘하고, 에너지가 넘치는' 경우가 많았다. 그 선배들과 함께할 때면 나는 조금씩 작아질 수밖에 없었고, 동기들을 볼 때도 외향형들은 빠르게 적응해서 선배들처럼 처음 만나는 사람과도 대화를 잘 이끌어 가는 모습을 보여줬다. 심지어 처음 만나는 사람들에게 연락하고, 이미 다른 브랜드를 하고 있는 점포에 들어가선 '우리 브랜드로 갈아타시는 것은 어떠세요?'라며 업종 변경을 권하기도 했다. 한 선배는 '다른 점포에 들어가 우리 매장을 하라고 이야기했다가 소금 뿌리는 사장님께 쫓겨났는데, 기어코 그 사장님을 설득해서 우리 브랜드로 갈아타게 했다'는 영웅담까지 풀어놨다. 영업부에서 그 정도의 열정은 있어야 한다는 것이었지만 내향형인 나는 '그렇게 할 바에는 퇴사하겠습니다'라는 말이 목까지 차올랐던 시간이었다. 물론 나도 그런 행동을 시도했지만 열 번도 못해봤고, 결국 이건 내가 못하는 행동이라는 것을 인정할 수밖에 없었다.

다행히 내향형이 잘할 수 있는 영업 방식을 몇 가지 찾을 수 있었고, 기존과는 다른 방식을 시도할 수 있는 기회가 주어졌기 때문에 작은 성공을 경험할 수 있었다. 내가 했던 방식은 크게 세 가지였다.

첫 번째는 '소수의 친한 매장을 만들어라'다. 70여 개의 매장을 관리하던 때, 모든 매장을 관리할 수 있는 시간이 부족했기에 나는 5개 주요 매장을 선택해서 그 매장의 사장님들과 친해지는 시간을 가졌다. 자주 방문하기도 하고, 식사도 자주 하고 매장의 매출과 성장을 위한 대화를 많이 나눴다. 처음 만나는 분들은 조금 어색했지만, 자주 만나고 대화하던 그 5개 매장은 때로는 막냇동생처럼, 때로는 아들처럼 나를 대해 주며 매장을 성장시키는 다양한 방법을 그분들에게 배울 수 있었다.

두 번째는 '소개받을 수 있는 구조를 만들어라'다. 친해진 5개 주요 매장은 매출도 높고, 주변 사장님들에게 영향력을 행사하던 곳이었다. 그래서 친하지 않은 매장을 갈 때면 주요 매장 사장님들과 함께 방문을 하거나, 먼저 내가 중요하게 여기는 영업 방식에 대해 이야기를 전달해 달라고 부탁했었다. 그렇게 소개를 받고 다른 매장들을 만나니 조금은 편안한 마음을 가지게 되었다.

세 번째는 '말이 아닌, 글로 소통하라'다. 보통 영업은 말로 한다고 생각한다. 그런데 영업을 글로 하는 방법도 있다는 것을 당시 깨닫게 되었고 2005년 'NEWS LETTER'라는 시스템을 만들게 되었다. 브랜드의 주요 정보, 매출에 영향을 많이 끼치는 주간 날씨, 신상품 정보 그리고 전국에서 잘하는 매장을 방문해 그 매장의 노하우를 글과 사진으로 적어 전국 매장에 공유하기 시작했다. 이 방식을 통해 담당 브랜드가 역대 최고 매출과 이익을 내는 알짜 사업부가 되었다.

영업부에서 외향형은 적극적인 말과 행동으로 일을 한다. 그런 외향형에게 내향형은 영업부에 안 맞는 직원이고, 답답하고 무능력한 직원으로 보인다. 그런데 내향형은 그들만이 가지고 있는 강점으로 일을 할 수 있다. 영업부의 목적이 '모르는 사람에게 우리의 제품과 서비스를 잘 소개하는 것'이 아니라, '매출을 올리는 것'이기 때문에 정해진 하나의 방법이 아닌 다른 방법을 사용할 수 있는 것이다. 내향형은 소수의 VIP 고객을 모으는 방법, 소개를 통해 고객을 확장하는 방법, 추천과 재구매를 끌어 올리는 방법, 브로슈어와 안내 자료를 만들어 고객에게 정확한 정보를 제공하는 방법으로 매출을 끌어 올릴 수 있다. 그리고 지금과 같은 비대면 영업이 확장되는 시기에는 내향형의 영업 방식이 더 적합할 수도 있다. 지금 나의 적성이 직무에 맞는지 고민이 된다면 스스로에게 물어보자.

① 내가 속해 있는 직무는 어떤 목적이 있는가?
② 그 목적을 달성하기 위해 어떤 방식으로 일하고 있는가?
③ 나는 어떤 성향을 가지고 있는가? 그리고 나만의 방식으로 목적을 달성하는 방법은 무엇이 있을까?

나는 이 세 가지 질문에 대한 답을 찾을 수 있다면 그 누구라도 내가 맡고 있는 직무에서 원하는 성과를 거둘 수 있다고 생각한다. MBTI가 나의 타고난 강점과 약점을 보여 주는 도구인 것은 맞다. 하지만 그 타고남이 모든 것을 결정지어 버린다면 우리의 삶은 재미가 없을 것이다. 우리 삶이 재미있는 이유는 내가 잘하는 것도 어려워질 때가 있고, 내가 힘들어하던 것들을 노력으로 이겨내보기도 하기 때문이다. 우스갯소리로 라면을 정말 좋아하는 사람도 1년 365일 아침, 점심, 저녁으로 라면을 먹을 수는 없다. 더 맛있는 음식도 먹어보기도 하고, 내가 한 번도 먹어보지 못했던 음식에도 도전을 해봐야 한다.

MBTI는 '내 선택을 도와주는 도구'다. 강점을 취하고, 약점을 보완할 수도 있고, 약점을 강화하면서 기존과는 다른 행동으로 시도해 볼 수도 있는 것이다. 결정은 내 몫이다.

# 리더가 외향형 또는 내향형일 때

여러 리더와 함께 일했다면 리더에 따라 대화하는 방식이 많이 다르다는 것을 느꼈을 것이다. 어떤 리더는 성격이 급해서 1시간 전에 이야기하곤 '했어? 아직 안 했어? 언제 보여 줄 거야?'라고 묻기도 하고 또 다른 리더는 이야기하고 1주일이 지나고 나서 '지난주에 이야기했던 자료를 메일로 전달해 줘요'라고 갑작스럽게 보고를 요청하기도 한다. 간단하게 외향형과 내향형의 차이를 이해해 보면 조금은 내 리더와 합을 맞출 수 있다.

먼저 외향형 리더는 빠르게 행동하는 방식을 선호한다. 그리고 모든 멤버가 다 모여서 회의하며 말로 보고받는 것을 더 선호하는 편이다. 회의를 할 때도 의사결정을 빠르게 하면서 바로 실행으로 연결하기도 한다. 한마디로 '빨리 행동하면서 문제를 새롭게 찾고, 그 문제를 다시 해결해 가자'고 이야기하는 리더가 많다. 그런데 또 이 부분에 약점이 있다. 빠르게 실행하다 보니, 준비와 계획이 부족해서 실수가 자주 발생할 수 있고, 빠른 의사결정으로 인해 실행 과정에서 의사결정이 번복되기도 한다. 전화나 짧은 미팅을 통해 보고도 했고 의사결정도 받았지만, 정작 리더가 그 내용을 기억하지 못하는 경우도 자주 있다.

내향형 리더는 외향형과는 조금 다르게 행동한다. 모여서 회의하는 것보다 전체 메일로 소통하는 것이 편하고, 전체가 모이는 것보다 필요한 소수의 인원들과 미팅을 자주 반복한다. 깊이 있는 정보를 얻게 되고, 이때 구체적인 계획을 세우며 일을 하기 시작한다. 외향형과는 다르게 실수는 적지만 실행과 의사결정이 지연되는 듯한 모습이 보여 소극적이라는 피드백을 받기도 한다.

그래서 나는 이렇게 제안을 해보고 싶다. 외향형 리더에게는 말로 먼저 빠르게 공유하고, 그 대화나 회의 내용을 짧게 정리해서 메일이나 업무용 메신저로 ① 주요 이슈 ② 대화에서 의사결정한 내용 ③ 다음 미팅 전까지 실행할 액션과 담당자를 바로 공유하는 것이다.

반대로 내향형 리더에게는 글로 먼저 공유하고, 맨 아래에 '구체적인 내용은 미팅 가능한 시간을 알려 주시면 전화를 드리거나, 회의를 잡도록 하겠습니다'고 적어 놓길 권한다. 외향형에게는 속도를 맞추고 휘발되는 정보와 의사결정을 잡아 줄 수 있는 기록을 한 후 연결해서 대화를 이어가고, 내향형에게는 생각할 시간을 가질 수 있도록 글로 먼저 전하고, 대화를 이어서 하는 것이다. 이 두 가지 방법을 통해 모든 것이 해결되지는 않지만, 리더도 자신의 특징을 알고 구성원도 알게 되면 좀 더 협업이 잘되는 대화를 할 수 있다.

## 외향형 리더만의 강점

① 자주 대화하고 토론하는 것을 좋아한다.

② 메일이나 메신저보다 대면이나 전화로 소통하는 것을 좋아한다.

③ 목소리가 크고, 감정과 강조하는 부분이 무엇인지 톤에서 알 수 있다.

④ 빠르게 결정하고, 실행으로 옮기려고 한다.

⑤ 실행 과정에서 필요하면 수정을 하는 등 실행에 시간을 많이 사용
한다.


## 내향형 리더만의 강점

① 혼자서 생각하고 정리하는 시간을 좋아한다.

② 대면보다는 전화를, 전화보다는 글로 소통하는 것이 편하다.

③ 목소리가 일정한 편이라 감정을 잘 노출하지 않고, 강조하는 부분을
놓칠 수도 있다.

④ 의사결정을 하는 데 심사숙고의 시간이 필요하다.

⑤ 실행을 하기 전 계획을 세우고, 깊이 있는 생각을 하는 데 시간을 많
이 사용한다.


## 반대 시각에서 바라보는 외향형 리더의 약점

① 너무 자주 회의와 미팅을 하고, 했던 이야기를 반복해서 한다.

② 의사결정을 했던 내용이 자주 번복되기도 하고, 한 말을 잊어버리기
도 한다.

③ 미팅을 할 때 즉흥적, 감정적으로 비쳐지기도 한다.

④ 간섭이 많다고 느껴지기도 한다.

⑤ 회의를 할 때면 어젠다의 범위가 좁혀지는 것이 아니라 점점 범위가 넓어진다.

## 반대 시각에서 바라보는 내향형 리더의 약점

① 다른 사람들의 의견을 듣기보다, 혼자서 생각하고 결론을 내리는 경향이 있다.

② 실행으로 연결되는 데 시간이 너무 오래 걸리기도 한다.

③ 중요한 포인트가 무엇인지 가늠하기 어려울 때가 있다.

④ 업무 외에 개인적인 관계를 맺는 것을 어렵고 불편하게 생각하는 듯 보인다.

⑤ 의사결정을 하는 데 오래 걸리는 편이다.

# 외향형과 내향형이
# 서로를 이해하는 법

　외부 활동에 적극적인 외향형과 내부 활동에 적극적인 내향형이 함께 일을 하면 어떤 일이 벌어질까? 같은 사무공간을 사용하던 두 팀이 있었다. 한 팀은 외향형이 중심인 팀이었고 다른 팀은 내향형이 중심인 팀이었는데 아침에 출근할 때부터 그 풍경이 달랐다. 외향형이 많이 모인 팀은 아침에 출근하면서 활기찬 목소리로 여기저기 인사를 나눴고, 만나는 사람들과 대화를 나누면서 출근하기 때문에 자리에 앉기까지 시간이 조금 걸리는 모습이었다. 그리고 습관처럼 팀원들이 모두 모여 커피를 마시며 대화를 나누는 커피챗 시간을 가졌는데 이때 어제 각자가 경험한 이야기를 공유하고, 드라마나 스포츠 경기 결과를 이야기하는 모습을 자주 보였다.

반대로 내향형이 많이 모인 팀은 커피를 각자 들고 출근하는 경우가 많았고, 간단히 인사를 마치고(또는 인사를 하지 않고) 자리에 앉자마자 바로 컴퓨터를 켜며 업무에 들어가거나 잠시 커피를 마시러 혼자 또는 둘이서 이동하는 모습을 보였다.

MBTI 워크숍을 하기 전까지 이 두 팀은 서로의 팀을 조금 부정적으로 바라보곤 했었다. 내향형 팀은 외향형 팀을 '시끄럽다' '일은 안 하고 매일 수다만 떤다'고 생각했고, 외향형 팀은 내향형 팀을 보며 '저기는 인간 냄새가 안 난다, 서로에게 관심이 없다' '너무 일만 한다'고 생각하고 있었다. 그런데 MBTI 워크숍을 통해 서로에 대한 이해를 바탕으로 각자의 특징을 존중해 주며 행동을 바꿔보게 되었다. '관점'이 바뀐 것이다.

## 외향형이 내향형에 대해 알아야 할 것

내향형이 다른 사람을 알고 신뢰하기까지 시간이 필요하다는 것을 염두에 두자. 그래서 내향형이 자신의 개인적인 이야기를 하는 데는 외향형보다 더 시간이 필요하다. 또 내향형에게는 미리 말을 걸어 주거나 의견을 물어보면 좋다.

**1. 내향형은 외향형의 과다한 표현과 활력 있는 모습을 부담스러워할 수 있다.**

▶ 출근을 했을 때 내향형의 구성원은 조용하게 하루를 계획하고 일에 몰입할 수 있는 환경을 갖는 것을 좋아한다. 그런데 사무실에 출근했는데 근처에서 다른 동료들이 모여 커피챗을 하며 시끄럽게 떠들고 있는 모습을 보게 되면 어떤 마음이 들까? 바로 불안정한 마음으로 바뀌게 된다. 내향형이 출근 후 첫 번째 시간으로 혼자서 오늘의 일정을 다시 한번 체크하며 하루를 준비할 수 있도록 커피챗은 사무실이 아닌 로비와 회의실, 사내 카페에서 하는 것을 추천한다.

**2. 대화를 나눌 때 내향형은 반응 속도가 조금 느리다.**

▶ 회의를 하거나 대화를 할 때 내향형은 자신의 생각을 이야기하기 전에 먼저 생각을 하고, 계획을 세우는 편이다. 그래서 질문을 받게 되면 잠시 생각하는 시간을 갖는다. 내향형에겐 질문을 하고 나서 바로 답변을 구하기보다는 먼저 생각할 시간을 주는 것이 필요하다. 만약 회의를 하고 있다면 '3~5분 정도 생각을 메모지나 포스트잇에 기록해 볼까?'라고 시간을 주는 것도 좋은 방법이다.

▶ 예전에 모든 구성원이 모여 정보를 공유하는 타운홀 시간에 CEO가 내게 질문을 하면서 답변을 해 달라고 마이크를 줬다. 회

사에서 내가 경력과 나이가 가장 많은 직원 중 한 명이기도 했고, CEO와 자주 대화를 나누는 직원이었던지라 내가 어떤 이야기를 할지 알고 있었기 때문이다. 그런데 내 반응은 어땠을까? 겉으로는 아무렇지도 않은 척 대답을 했지만, 식은땀이 흐르는 것까지는 막지 못했다. 몸이 엄청 긴장했다는 의미다. 내향형에게 많은 사람이 주목하는 상황에 놓인다는 것은 한순간에 식은땀으로 범벅이 될 수 있는 곤혹스러운 사건이기도 한다. 사람 앞에 서는 것에 익숙한 나였지만, 미리 준비하고 강의를 하거나 코칭을 하는 것과 달리 갑작스럽게 발언권을 부여받아 마이크를 잡고 답변을 한다는 것에는 큰 차이가 있다는 걸 다시 느꼈다. 그래서 나의 경우에는 '제가 ○○ 님에게 두 번째로 질문을 드릴게요' '이번 질문에 대해 제가 잠시 후 마이크를 넘기도록 하겠습니다. 잠시 생각할 시간을 가져 보죠'라고 하거나 외향형 구성원에게 먼저 의견을 물어본 후 내향형 구성원에게 대답을 요청하기도 한다.

## 내향형이 외향형에 대해 알아야 할 것

외향형은 생각을 말로 표현하지 못하게 하면 스트레스를 받기 시작한다. 그래서 외향형에겐 편하게 자기 생각을 표현할 수 있도록 해줘야 한다. 표현을 못하게 하면 외향형은 자신이 중요한 존재가 아니고 존중받지 못한다고 느끼기도 한다. 특히 외향형 리더에게 중요한 이야기를 할 때는 힘 있게, 열정적인 모습을 보여주려고 노력해야 한다.

**1. 외향형은 글보다 말로 소통하는 것을 편하게 생각한다. 그리고 업무 외 일상적인 대화가 외향형이 협업하고 일에 몰입하게 만드는 힘이 되기도 한다.**

▶ 아침에 출근하면서 외향형과 반갑게 인사를 나누고, 식사와 커피챗을 평소보다 자주 가지며 업무와 관련한 서로의 경험을 공유하는 것을 권한다. 모든 외향형이 그런 것은 아니지만, 외향형은 대화하고 마주 보면서 에너지를 얻는 것을 선호한다. 그래서 아침 출근을 할 때, 커피를 마실 때 등 사람들이 모여 있는 곳에서 말없이 조용히 있는 모습을 보면 오히려 스트레스를 받기도 하고, 어떤 말이라도 하면서 조금 시끄러운 분위기를 만들려고 노력하기도 한다.

또 외향형과 스몰 토크 시간을 가질 때 내향형이 먼저 외향형 동료가 이야기를 할 수 있도록 질문을 해 보면 좋다. '어제 재미있는 일 있었어요?'라고 말이다. 그들의 이야기에 작은 리액션이라도 하며 적극적인 반응을 보이면 외향형은 에너지를 많이 충전할 수 있게 된다.

## 2. 외향형에게는 조금은 빠르게 반응을 할 필요가 있다.

▶ 외향형은 질문을 하고 나서 몇 초를 기다릴까? 보통 3초 안에 답변을 듣지 못하면 '왜? 어떻게 해야 해? 빨리 말해 줘'라고 재촉하는 말을 들을 수도 있다. 외향형이 기다리는 시간은 평균 3초로, 평균 7초인 내향형과는 차원이 다르다. 업무를 할 때도 동일하다. 외향형 리더와 대화나 미팅을 하고 나서 내향형의 속도대로 일을 처리하면 '언제 돼? 아직도 시작 안 했어?'라는 말을 들을 수도 있다. 그래서 외향형과 대화나 업무를 할 때는 그들의 빠르기에 어느 정도 맞춰 주는 것이 필요하다. 또는 먼저 '좀 더 생각해보고 말해도 될까요?'라고 얘기해주자.

▶ 외향형과 협업을 해야 한다면 바로 업무 일정을 물어보는 것이 좋다. 예를 들어, 외향형 리더가 어떤 요청이나 업무 지시를 했다면 '언제까지 마무리하면 될까요?' '시작하는 시점을 언제로 잡으면 될까요?'라며 시작과 마무리 시간을 먼저 확인하는 것이 도움이 된다. 그러면 외향형의 시간에 맞출 수 있게 되고, 또는 '혹시 하루 정도 시간을 더 주실 수 있을까요? 조금 더 확인하고 시작하는 것이 좋을 것 같습니다' 등 내향형에게 필요한 시간을 다시 확인하는 것에도 도움이 된다.

# 일터에서의
# 감각형(S)과 직관형(N)

감각형과 직관형의 역할은 '정보를 습득하는 방법'이다. 감각형의 경우 있는 그대로의 정보를 가져오거나 과거와 현재 자신의 경험을 토대로 정보를 가져온다면 직관형은 창의적인 아이디어와 문득 떠오른 생각들을 토대로 정보를 가져온다.

예를 들어, 다음의 멋진 휴양지 사진을 보면 감각형은 어떤 생각을 할까? 사진을 관찰하면서 눈에 보이는 특징을 '있는 그대로' 표현하기 시작한다.

①나무가 2개 있어요. ②장소는 섬이네요. ③저 멀리 큰 섬이 보여요.

반대로 직관형은 사진을 보며 자신만의 느낌을 표현한다.

①열심히 일하고 휴가를 왔나 봐요. ②한 달 살기 하기에 너무 좋은 곳인데요? ③친구들과 함께 가고 싶은 곳이네요.

일을 할 때도 마찬가지다. 감각형은 있었던 사건을 그대로 이야기한다. 시간 순으로 이야기하기도 하고 사람과 상황을 구분해서 이야기하기도 한다. "A에서 B라는 일이 벌어졌는데, C라는 사람이 '이제 그만했으면 좋겠어요'라고 말했어"라며 내가 들었거나 본 사건을 있는 그대로 표현하는 것이다. 그런데 직관형은 같은 상황을 경험했더라도 자신만의 느낌을 추가한다. "C는 더 이상 우리와 함께 일하고 싶어 하지 않는 것 같아. 회의 시간에 불만이 많은 느낌이었거든"라고 말이다.

직장에서 감각형과 직관형의 차이가 가장 많이 날 때는 바로 업무 방식과 대화의 차이다. 감각형은 구체적인 데이터와 표현으로 이야기하길 좋아하고, 과거 우리 팀과 회사가 진행했던 방법과 타 회사가 성공했던 방식을 찾아서 공유한다. 반대로 직관형은 기존과는 다른 방식을 좋아하는 경향이 있어서 새로운 방식을 제안하고 실행하고 싶어 한다. 간단하게 이야기한다면 감각형은 내가 알고 있는 지식과 과거 경험을 중심으로 일을 하는 반면에 감각형은 해보지도 않았고 잘 모르는 분야의 아이디어를 사용해보고 싶어 하는 것이다. 이 두 가지 차이가 업무에서는 어떻게 연결이 되는지 한번 살펴보자.

## 목표를 정할 때의 감각형과 직관형

목표를 설정하는 것은 조직에서 가장 중요한 시간이다. 목표에 따라 시간과 자원을 어떻게 사용할지가 정해지기 때문이다. 만약 기존 목표보다 5~10퍼센트 정도 성장하는 목표를 설정하면 어떻게 될까? 그 목표를 달성하기 쉬울 수도 있고, 업무를 할 때 안정성을 얻을 수 있다. 기존에 내가 하던 방식으로 일을 해도 최소한 90~95퍼센트는 달성할 수 있기 때문이다. 또 다른 장점도 있다.

구체적으로 어떻게 일을 해야 하는지를 계획할 수 있고, 그 과정에서 나타나는 다양한 변수들을 제거하는 것이 그리 어렵지 않다. 이미 우리가 해왔던 방식에서 크게 벗어나지 않기 때문이다.

반대로 기존의 목표에서 2~3배 성장을 목표로 하면 어떻게 될까? 또는 기존에 하지 않았던 목표를 세우게 되면 어떻게 될까? 간단하게 생각해도 기존의 방법으로는 절대 달성할 수 없을 것이다. 그래서 직관형의 목표는 기존 방식으로 달성할 수 없기 때문에 새로운 방법을 찾으려고 더 노력하기도 한다.

모두가 동일한 것은 아니지만, 전자가 감각형이 목표를 세울 때 주로 사용하는 방법이고, 후자는 직관형이 목표를 세울 때 주로 사용하는 방법이다. 감각형이 목표를 세울 때 중요하게 여기는 부분은 '달성률과 완벽성'이고, 직관형이 목표를 세울 때 중요하게 여기는 부분은 '기존과는 다른 높고 깊은 목표, 새로운 목표'다.

그런데 각각의 기능들이 가지고 있는 약점이 있다. 감각형은 자신이 경험하지 못한 목표, 자신이 잘 모르는 영역에서의 목표 설정을 어려워하는 경향이 있고, 직관형은 상위 조직의 목적과 얼라인되어 있지 않은 자신의 호기심을 채우는 목표를 세우거나, 현실의 리소스를 고려하지 않은 목표를 세우기도 한다.

목표를 세울 때 '어떤 방법이 더 좋은가?'라는 질문에 정답은 없다. 하지만 목표를 세우는 목적이 무엇인가에 따라 더 좋은 방법을 정할 수는 있다. 조직에서의 목표는 상위 조직의 목표에 맞게 정렬(Align)되어야 한다. 즉, 팀의 목표는 회사나 본부의 목표와 합이 맞아야 한다. 어떤 기능을 가진 사람이 목표를 설정하든지 변하지 않는 것은 바로 '내 상위 조직의 목표와 일치되어 있는가?'라는 첫 번째 질문과 함께 '이번에 세운 목표를 달성하면 우리는 기존보다 더 성장하는가?'라는 두 번째 질문에 있다고 생각한다.

그런데 지금 설명한 유형의 차이가 목표 설정에 반영되지 않는 상황이 있다. 타고난 특징이 환경에 영향을 받게 되는 경우로, 바로 '평가'다. 만약 목표를 100퍼센트 달성하는 직원에게 A 평가와 높은 성과급을 주고, 리더가 칭찬을 하며 우수한 인재로 인정하는 조직이라면 과연 높은 목표를 설정하려고 하는 구성원이 얼마나 될까? MBTI를 이해할 때 이렇게 환경적인 요인들은 제거하는 것이 필요하다.

예를 들어 나는 감각형의 기능이 정말 발달한 사람이다. 그래서 목표를 세울 때 이미 어떻게 실행을 해야겠다는 계획이 세워지기도 한다. 이미 경험해 본 부분들이 있기 때문이다. 하지만 내가 성장할 때가 언제인지를 돌아보면 '경험해 보지 못했던 목표에 도전할 때'였다.

내가 해봤던 목표에 도전할 때면 나는 학습을 열심히 하지 않는다. 이미 잘 알고 있기 때문이다. 하지만 내가 경험해 보지 못했던 목표에 도전할 때는 스트레스를 많이 받지만 새로운 방법을 학습하고, 누군가를 찾아가서 물어보며 새로운 방식을 배운다. 그 지루한 시간을 보내고 나서 성장해 있는 나를 발견하곤 했다. 성장하기 위해서 내 성향과 반대로 목표를 설정하면 내가 가진 강점을 더 잘 활용하려고 노력하게 된다는 것을 그때 깨달았다.

## 아이디어를 낼 때 감각형과 직관형의 차이

업무를 할 때 가장 많이 사용하는 기능이 바로 감각과 직관이다. 내가 한 번도 해보지 않았던 과업, 목표 또는 프로젝트를 해야 할 때를 가정해보자. 이때 감각형과 직관형은 조금 다른 관점에서 접근하게 된다. 감각형은 이번에 새로 받은 과업에 대해 '내가 전에 비슷하게 해봤던 경험'을 생각하는 것부터 시작한다. 과거 데이터를 찾아보기도 하고, 지금까지 모아둔 관련 자료들을 출력하기도 한다. 내가 지금까지 쌓아온 경험들을 끌어내는 것이다. 그리고 이 과거 경험들을 리뷰하면서 이번 프로젝트에서 사용할 만한 방법들을 다시 골라내곤 한다. 시간이 조금 더 주어진다면 비슷한 과업을 해봤거나, 전문 지식과 경험이 있는 사람들을 찾아다니며 그들의 경험을 묻고 학습한다. 이렇듯 감각형이 새로운 과업을 수행하는 방법은 '과거의 지식과 경험을 끌어내거나 새로운 방식을 학습하는 것'이다. 그래서 감각형이 학습을 할 때 꼭 하려고 하는 습관이 '이번에 적용할 부분 한 가지를 찾는 것'이다.

직관형이 새로운 과업이나 기존에 해보지 못했던 수준의 프로젝트와 목표를 받게 되면 어떻게 행동할까? 가장 먼저 하는 것은 '생각'이다. 이때 생각은 상상일 수도 있고, 시나리오를 짜는 것일 수도 있다. 이미 기존과는 다른 목표가 주어졌기 때문에 '기존과는 다른 전략과 아이디어를 찾는 것'이 상상의 목적이 되는 것이다. 감각형이 경험을 중심으로 아이디어를 찾는다면, 직관형은 백지에다 그림을 처음 그리듯이 새로운 아이디어를 찾는 모습을 보인다.

또 같은 감각형, 직관형이어도 외향형이냐 내향형이냐에 따라 이들의 행동이 조금씩 다르게 나타난다. 이를 MBTI에서는 사분할이라고 부르며 IS, ES, IN, EN의 조합이 있다. 동일한 감각형이라도 외향형은 외부의 경험을, 내향형은 나의 경험을 사용한다. 내 경험을 먼저 찾아보는 사람이 IS 유형이고, 외부의 경험과 지식을 가져오는 사람은 ES 유형에 해당한다. 직관형은 에너지를 밖 또는 안으로 사용하는 차이가 있다. 그래서 IN은 혼자서 조용히 생각하고, 깊이 있게 빠져드는 상상의 시간을 갖기를 선호하고, EN의 경우는 다른 지식과 경험을 가진 사람들과 브레인스토밍을 하며 아이디어를 수다로 풀어내고 더 확장해 가는 것을 선호한다. 그런데 무조건은 아니다. 단지 가장 편하게 생각하는 행동이 나의 기능인 것뿐이고, 조금이라도 시간 여유가 생기면 내가 선호하는 방법이 아닌 다른 방법으로 더 확장을 한다.

IS인 나 또한 언제나 일을 할 때 '내가 과거에 어떤 일을 했었지? 내가 알고 있는 것이 무엇이지?'라는 생각을 먼저 하는 편이고, 아이디어를 제안할 때도 '전에 제가 ○○○이라는 것을 해봤는데 이번에 비슷하게 적용해 보면 좋을 것 같아요. 전에 했었던 자료 공유해 줄게요'와 같은 방식으로 접근을 하는 반면에 EN인 동료는 '잠깐 시간 있으세요? 제가 한 가지 생각한 게 있는데 한번 들어보세요'라며 아이디어를 공유하고 대화하기를 원하곤 한다. 시간이 지나면서 IS인 나도 '한 가지 아이디어가 있는데요'라며 새롭게 떠오른 아이디어를 공유하기도 한다. 그러면 EN은 '그러네요. 저도 1년 전에 비슷한 문제를 해결했던 경험이 있어요'라며 자신의 경험을 끌어오기도 한다. 이런 식으로 내가 어떤 행동을 편하게 생각하고 먼저 하는지에 대한 차이라고 보면 좋다.

자신의 특성을 안다면 감각형은 자신의 경험을 기록하고, 정리해 두는 습관을 만들면 좋다. 그 자료들을 출력해서 펜으로 줄을 치면서 확인하는 방법이 도움이 될 수 있고, 끊임없이 다양한 지식과 경험을 쌓는 것도 도움이 된다. 과업을 수행할 때 내가 했었던 경험들을 쉽게 꺼내볼 수 있으면 더 좋다. 그리고 직관형은 생각할 수 있는 단초를 찾아보는 것과 아이디어를 발산하는 데 도움이 되는 사람들을 만나 대화해 보기를 추천한다.

## 감각형과 직관형의 보고서 작성법

일을 할 때 피할 수 없는 것이 바로 보고다. 특히 메일이나 메신저, 보고서와 같이 글로 표현해야 하는 경우가 꽤 많다. 그런데 이때도 감각형과 직관형은 표현 방법에 차이가 있다. 예를 들어, 아래 보고서 중 감각형이 작성한 것과 직관형이 작성한 것은 무엇일까?

두 보고서는 감각형과 직관형의 특징을 대표적으로 보여 주는 자료다. 먼저 감각형은 구체적으로 표현하는 것을 좋아한다. 보고하는 데이터와 근거가 명확하다는 의미다. 그래서 글과 숫자가 많고, 표로 구성되는 경우도 많다. 장점은 구체적인 표현을 통해 모

보고서 A

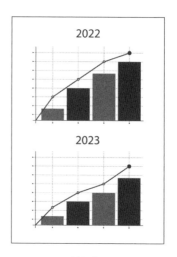

보고서 B

든 사람이 비슷한 관점을 갖게 하며, 따로 질문을 하지 않아도 된다. 단점은 글이 너무 많아서 어떤 부분이 중요한지 알기 어렵고 읽는 것 자체로 에너지가 많이 소모될 수 있다.

반대로 직관형의 자료에도 표가 있고 숫자가 있지만, 이 숫자가 무엇을 의미하는지는 자료만 봐서는 이해하기 어렵다. 누군가의 설명이 필요하다는 뜻이다. 장점은 가독성이 높고, 어떤 것을 표현하는지를 도형과 그림, 그래프로 잘 보여 주지만, 약점은 읽는 사람들이 해석하는 데 어려움을 겪을 수 있다는 것이다.

이런 특징을 보면 감각형과 직관형이 작성한 보고서가 어떤 것인지 쉽게 알 수 있다. 감각형이 A, 직관형이 B 보고서를 썼다.

## 리더가 감각형 또는 직관형일 때

감각형 리더가 가장 흔하게 하는 실수는 '내가 해봤는데…'라고 자신의 경험을 설명하는 것이다. 리더가 자신의 경험을 이야기하는 순간 팀원들은 어떻게 반응할까? 바로 '라떼와 꼰대 그리고 답정너'이다. 하지만 감각형 리더에게 자신의 경험을 이야기하지 말라고 하는 것 또한 그의 강점을 사용하지 말라고 막아버리는 것과 같다고 생각한다. 그래서 이렇게 한번 해보면 어떨까?

감각형 리더는 자신의 경험을 이야기할 때 자신의 경험은 참고로 공유하고, 지금 상황에 맞는 대안을 찾도록 제안하는 것이다. '내가 비슷한 상황에서 A라는 방식을 사용해 봤는데, 그때는 그 방식이 맞았어요. 지금은 상황이 조금 다를 텐데 A라는 방식을 참고하면서 지금 우리에게 필요한 아이디어를 찾아보면 좋겠어요' 와 같이 말이다.

또 팀원이 감각형 리더의 경험을 조언으로 구하는 것도 도움이 된다. '팀장님, 혹시 비슷한 경험이나 참고할 만한 경험, 자료들을 공유해 주실 수 있으세요? 그럼 그것을 바탕으로 아이디어를 더 찾아볼게요'라고 말이다.

하나의 팁을 더 주자면 감각형 리더와 소통을 하거나 보고를 할 때 과거 참고 자료를 공유하면 좋다. '지금 보고 드린 내용은 과거 A팀에서 비슷한 방식으로 진행했었고, 경쟁사인 T사에서도 조금은 다르지만 ○○이라는 방식으로 제안을 했습니다. 지금 보시는 영상이 그 내용입니다'와 같이 케이스를 공유하면 감각형 리더는 자신이 알지 못하거나 경험하지 못한 내용들에 대해서도 빠르게 학습하며 의사결정을 하게 된다. 감각형 리더가 의사결정을 하지 못할 경우가 '내가 모르는 일, 내가 경험하지 못한 일'일 때가 많기 때문이다.

직관형 리더는 새로운 아이디어와 목적에 얼라인되어 있는 방법을 중요하게 여긴다. 재미있는 것은 직관형 리더가 하는 이야기를 처음에는 이해하기 어려워하는 팀원들이 많다는 것이다. 이유는 '너무 창의적'이거나 '시대를 앞서는 창조적인 아이디어'들이 많이 있기 때문이다. 또 표현이 구체적이지 않고 은유와 비유 등을 하면서 설명하기 때문에 같은 공간에서 대화를 했는데, 서로 다른 상상을 하게 되기도 한다.

그래서 직관형 리더가 자신의 생각을 표현할 때는 참고할 수 있는 레퍼런스를 공유해 주거나 보드판에 그림이나 도식화하면서 설명해 주는 것이 필요하다. 그리고 이때 질의응답을 하면서 이야기를 나누는 것이 도움이 된다.

팀원이 직관형 리더에게 의사결정을 받을 때 가장 좋은 방법 중 하나는 '기존과는 다른 새로운 전략을 추가'하는 것이다. '이번에 보고 드린 내용 중에 A라는 방식은 이전에 사용되지 않았던 방식이다'라는 것을 강조하면 조금은 리더의 마음이 'OK'에 다가가게 된다.

감각형 리더가 현재 우리에게 주어진 목표를 달성하는 것을 중요하게 여긴다면, 직관형 리더는 미래에 어떤 모습을 만들고 싶은지 비전과 미션을 바라보는 것을 중요하게 여긴다. 서로가 현재 또는 미래라는 다른 시간을 바라보고 있다고 할 수 있다. 하지만 두 리더에게 공통적으로 찾을 수 있는 것은 바로 '더 잘하고 싶다'라는 부분이다. 이 관점에서 한번 일하는 방식, 소통하는 방식을 맞춰보면 어떨까?

## 감각형 리더만의 강점

① 실질적이고 현실적인 목표를 설정하는 것을 좋아한다(How).

② 구체적으로 소통하고, 세부적인 계획과 사례를 알려 주는 것을 좋아한다.

③ 관찰력이 뛰어나서 다른 사람들이 알아채지 못한 것을 알려 주는 경우가 자주 있다.

④ 현실적이고 실용적인 의사결정을 하는 것을 좋아한다.

⑤ 직접 경험하는 것을 신뢰하고, 과거 해봤던 경험과 방법을 선호한다.


## 직관형 리더만의 강점

① 미래 지향적인 비전과 미션에 관심이 많다(Why).

② 새로운 방법, 혁신적인 방법, 창의적인 방법으로 문제를 해결하려고 한다.

③ 현실적인 이슈와 문제를 접했을 때, 드러나지 않은 이면의 원인을 찾아내는 것을 좋아한다.

④ 정답이 없는 복잡한 문제를 해결하는 것을 좋아한다.

⑤ 개괄적인 계획, 방향성을 중요하게 여긴다.


## 반대 시각에서 바라보는 감각형 리더의 약점

① 도전적이거나 새로운 목표를 설정하는 것이 편하지 않다.

② 리더가 알지 못하는 방법, 직접 경험해 보지 못한 방법을 불편하게

여긴다.

③ 리더의 너무 구체적이고 세부적인 계획과 소통으로 인해 자율권을 빼앗긴다는 생각이 들기도 한다.

④ 창의적인 아이디어를 접할 때 불편함을 느끼는 것처럼 보인다.

⑤ 진행 과정을 모두 알고 싶어 하는 경향으로 인해 소통이 생각 이상으로 많아지기도 한다.


## 반대 시각에서 바라보는 직관형 리더의 약점

① 현재 시급한 문제를 등한시하는 것처럼 보이기도 한다.

② 과거 잘했던 방법들이나 일상적인 과업이 중요하지 않은 것처럼 오해를 사기도 한다.

③ 너무 모호하거나, 구체적이지 않은 소통으로 인해 듣는 사람들마다 리더의 생각을 다르게 해석하기도 한다.

④ 너무 먼 미래의 모습인 비전과 미션이 불가능해 보이며 불안하기도 한다.

⑤ 인정받으려면 '매번 새로운 방식, 스킬, 업무를 만들어야 한다'고 오해하게 되기도 한다.

# 감각형과 직관형이
# 서로를 이해하는 법

감각형이 자주 하는 질문이 있다. '어떻게 할 건데?'이다. 즉, 'How'에 초점을 맞춘 대화를 편하게 생각한다는 의미다. 그렇다면 직관형은 어떤 질문을 자주 할까? '목적이 뭐지?' '그 일을 하면 뭐가 좋아지지? 왜 그것을 해야 해?'라는 'Why'에 대한 질문이다. 현재에 집중하는 감각형과 미래를 고민하는 직관형에게서 보이는 가장 큰 특징이다.

감각형과 직관형의 차이를 알면 글을 쓰는 작가들에게서도 그 차이를 발견할 수 있다. 대표적인 작가로 《노인과 바다》를 쓴 어니스트 헤밍웨이와 《어린 왕자》를 쓴 생텍쥐페리가 있다. 《노인과 바다》에서 헤밍웨이는 노부의 사투를 구체적으로 그리며 상어의 무게를 숫자로 표현했다. 책을 읽는 모든 사람이 비슷한 그림을 그릴 수 있도록 생생하게 묘사한 것이다. 반대로 직관형인 생텍쥐페리의 《어린 왕자》에는 기존에 우리가 상상하지 못했던 다양한 장치들이 있다. 모자를 코끼리를 삼킨 보아뱀이라고 상상하게 만들기도 하고, 말하는 여우가 '서로를 길들인다는 것'에 대해 꿈꾸듯 말하기도 한다. 나 역시 감각형이 유달리 발달했다. 그래서 가능한 한 구체적인 표현을 사용해 글을 쓰는 편이다.

## 감각형이 직관형에 대해 알아야 할 것

1. 직관형은 그들의 새롭고 창의적인 의견을 높이 평가받고 싶어 한다.

▶ 감각형은 현실적인 방법에 초점을 맞추는 것을 좋아하지만 직관형은 자신의 새롭고 창의적인 아이디어를 칭찬받을 때 더 동기부여가 된다. '어떻게 그런 아이디어를 생각할 수 있어요?' '정말 기존과는 다른 아이디어네요. 조금만 더 이야기해 주세요'라는 칭찬을 들을 때가 그때다. 그래서 직관형과 대화할 때 가장 유의해야 할 부분은 새로운 아이디어나 생각을 공유했을 때 '어떻게 할 거야?' '그게 지금 중요해?' '해봤어?'처럼 상상을 막는 질

문을 하는 것이다.

▶ 가능한 한 직관형이 상상을 많이 할 수 있도록 의사결정 전까지는 독려하고 상상한 아이디어를 최대한 확장한 이후 '지금까지 찾은 아이디어 중에 꼭 해야 할 것과 바로 실행할 수 있는 방법은 무엇일까?'라는 질문을 해주면 좋다. 직관형은 아이디어를 더 이상 상상할 수 없을 때 동기부여도 떨어지고, 일을 더 하고 싶지 않다는 마음이 생기기도 한다. 또 이 일이 어떤 의미를 갖는지, 어떤 영향을 주는지 앞으로 얼마나 많은 가능성이 생길지 알려주면 더 동기부여가 된다.

## 2. 직관형은 지금 해야 하는 일의 의미와 목적을 조금 더 알고 싶어 한다.

▶ 예전에 한 스타트업의 전사 타운홀 회의 시간에 CEO가 회사의 장기적인 비전과 미션을 공유하고, 그래서 우리가 해야 할 일과 하지 말아야 할 일들을 대화하는 시간을 가졌다. 그런데 한 리더가 이런 질문을 했다. "대표님이 이야기하는 부분이 무엇인지는 알겠습니다. 하지만 회사가 지금은 생존을 해야 하는데, 그 비전과 미션이 중요할까요? 지금은 매출에 집중하는 것이 더 맞다고 생각합니다." 이에 대한 CEO의 대답은 "○○ 님의 이야기도 맞습니다. 하지만 우리는 스타트업이고, 스타트업이 가져야 할 가장 중요한 것은 비전과 미션입니다. 매출도 중요하지만 더 중요한 것

은 우리가 비전과 미션을 이루기 위해 지금 하고 있는 방법을 무조건 계속하는 것이 맞지 않다는 이야기를 하는 것입니다."

이 논쟁은 꽤 오랜 시간 동안 진행되었고, 함께 타운홀 미팅에 참여했던 다양한 구성원들도 자신의 생각을 이야기하는 대토론의 시간이 되었다. 나는 웃으며 그 광경을 지켜보고 나서 CEO와 리더에게 각각 메시지를 보냈다. '오늘의 대화는 현재의 목표를 중요하게 여기는 감각형과 미래 비전과 미션을 중요하게 여기는 직관형의 대화였네요. 그런데 둘 다 회사의 성장과 성공을 중요하게 여기는 마음은 똑같아 보이고요'라고 말이다.

두 리더는 나와 함께 MBTI 워크숍을 5~6번씩 했었지만, 정작 토론 시간이 되면 자신의 성향대로 행동하고 대화를 이어갔다. 그만큼 나와 다른 유형의 이야기에 관심을 갖고 듣는다는 건 어려운 일이다. 대신 How와 Why, 그리고 우리가 이루고자 하는 What에 대한 합의가 필요하다는 것은 명확하다.

제안하고 싶은 것은 대화의 순서다. What(우리가 일을 하는 목적)을 먼저 공유하고, Why(그 목적을 달성해야 하는 이유, 고객의 니즈 등)를 합의한 이후 What을 달성할 수 있는 다양한 How(중장기적인 전략과 전략을 실행하는 아이디어와 액션 플랜)를 합의하는 것이다. 감각형과 직관형의 What이 합의된다면 미래 관점의 비전과 미션을 설정할 수 있고, 기존과는 다른 창의적인 아이디어를 직관형의 사고방식으로 확장하고 이후 감각형의 특징을 활용해 실행 가능한 전략과 아이디어를 구체화하는 순서로 대화해 보는 것이다. 이 방법으로 경영계획을 세우면 기존과는 다른 전략과 아이디어를 찾을 수 있는 강점과 함께 실현 가능한 환경을 만드는 현실적인 방법도 찾을 가능성이 늘어나게 된다.

## 직관형이 감각형에 대해 알아야 할 것

1. 감각형은 자신이 경험하지 못한 내용을 이해하는 것이 어렵다.

▶ 감각형과 대화를 나누거나 일을 할 때 가장 어려운 부분은 '경험'이다. 즉, 자신이 과거에 경험한 것을 이야기할 때는 이해도 빠르고 대화를 이어가기 쉽지만 자신이 경험해 보지 못한 것은 상상하지 못하고 내용을 잘 이해하지 못한다는 의미다. 그래서 직관형들이 새로운 아이디어를 제안하면 감각형들은 '이해하기 어렵다'는 반응을 보이거나, '무슨 4차원 같은 이야기냐?' '지금 이 상황에서 그게 중요하냐?'와 같은 반응을 보이기도 한다. 특히 리더가 감각형일 경우, 리더가 알지 못하거나 과거 경험해 보지 못했던 방식으로 일을 하거나 컨펌을 받는 것은 정말 어려운 일이다.

이때 해야 하는 것은 감각형을 학습시키는 것이다. 직관형은 자신이 생각한 새로운 아이디어를 감각형이 경험하고 이해할 수 있도록 레퍼런스를 준비하거나, 그림이나 도형 등으로 도식화해 설명해 주고, 기사나 외부 비슷한 사례를 찾아 그 자료를 공유해 준다. 가급적 명료하게, 직접적으로, 일정한 틀에 맞춰 이야기하자. 그렇게 감각형이 조금이라도 더 경험하고 이해할 수 있도록 학습할 자료를 공유해 준다면 직관형의 아이디어가 채택될 수 있는 가능성이 올라간다.

실제로 직관형 디자이너가 감각형 상품 MD와 갈등이 있었는데, 디자이너가 디자인 시안이나 아이디어를 공유하면 MD는 '그게 뭔데요?' '그거 어떻게 할 건데요?'라는 질문을 해서 감각형 디자이너는 더 이야기하기도 싫고, 새로운 아이디어가 있어도 제안하고 싶지 않았다고 했다. 그런데 MBTI 워크숍을 통해 감각형의 특징을 이해한 이후에는 간단한 이미지와 비슷한 외부의 디자인 샘플을 함께 보여 주며 아이디어를 제안했더니 '멋진데요. 이거 재미있겠는데요?'라는 피드백을 더 많이 받게 되었다고 한다. 감각형은 과거에서부터 시작하고, 혁신보다 개선에 더 초점을 맞춘다는 걸 명심하자.

▶ 감각형은 직관형의 새로운 아이디어에만 반응하지 못하는 것이 아니다. 같은 감각형이 이야기할 때, 가령 15년 차 감각형이 5년 차 감각형에게 업무를 부여하거나 피드백을 줄 때에도 비슷한 상황이 발생한다. 즉, 15년 차와 5년 차 사이에는 10년이라는 경력의 갭이 있다. 이 차이는 수많은 지식과 경험의 간극을 보여 준다. 그래서 15년 차가 이야기하는 많은 이야기를 5년 차는 이해

하지 못하는 상황에 처하게 된다. 반대로 20대 감각형과 50대 감각형이 20대 고객의 불편함과 니즈를 주제로 이야기할 때도 다르다. 감각형이 제대로 말하지 못하거나 이해하지 못하는 것은 어쩌면 모르는 것이 아니라 아직 경험하지 못한 영역일 수도 있겠다고 생각해 보는 것은 어떨까?

### 2. 감각형은 구체적인 목표와 방법, 기간을 알고 싶어 한다.

▶ 직관형이 새로운 제안이나 피드백을 줄 때 추상적이거나 느낌적인 부분을 공유하는 경우가 있다. '고객이 싫어할 것 같아요' '이 부분은 디자인적으로 예쁘게 해주셔야 해요'라는 표현처럼 말이다. 하지만 감각형은 어떤 부분이, 왜 그런 느낌을 받게 했는지, 그리고 구체적으로 어떤 모습이나 방향성을 기대하는지를 듣고 싶어 한다. '이 제품은 고객이 사용할 때 손잡이 부분이 튀어나와서 불편함을 느끼게 될 것 같아요. 이 부분은 한 화면에 색상이 여섯 가지나 있어서 고객이 볼 때 혼란해할 것 같아요. 세 가지 정도로 컬러를 줄여 보면 어떨까요?'처럼 구체적인 의견을 주거나 질문을 하면서 조금씩 생각을 확장해 가는 방법을 활용해보면 좋다.

▶ 감각형과 직관형은 리더와의 대화에서도 조금 다른 차이를 보여준다. 리더가 'A를 해볼래요?'라고 이야기하면 감각형은 'A를 리더가 이야기한 그대로' 진행하려는 반면 직관형은 'A처럼

하려고 노력'할 뿐 A를 있는 그대로 하는 것이 조금은 불편할 수도 있다. 반대로 직관형 리더가 감각형에게 구체적이지 않은 피드백을 주었다면 감각형 팀원은 구체적인 대답을 들을 수 있는 질문을 해보는 것도 좋은 방법이다. 예를 들어, '팀장님, 혹시 제가 지금 말씀하신 부분을 수정하려면 어떤 부분을 조정해 보면 좋을까요? 참고할 만한 사례가 있으면 알려 주십시오.' '말씀하신 부분을 A라는 방법을 사용해서 수정하고, 내일 퇴근 전까지 메일로 다시 공유 드리면 될까요?'와 같이 질문할 수 있다.

# 일터에서의
# 사고형(T)과 감정형(F)

사고형과 감정형의 기능은 '의사결정'이다. 즉, 내가 어떻게 행동할지 방향성을 정하는 선택을 한다. 사고형은 기준과 원칙에 맞는 결정을 하려고 한다. 기준과 원칙을 정하는 이유는 '목적과 목표'를 이루는 데 기여하고 싶어 하는 것을 선호하기 때문이다. 감정형은 '기준과 원칙에 맞게 의사결정을 했을 때 ○○에게 어떤 영향이 있는지'에 따라 의사결정을 다시 한다. 의사결정의 기준만으로 판단하면 사고형은 기준과 원칙만을 중요하게 여기는 냉정한 사람으로 보이고, 감정형은 많은 사람을 배려하는 따뜻한 사람으로 볼 수도 있다.

하지만 사고형의 명확한 의사결정 기준은 많은 사람에게 예측 가능성과 보편성을 알려 주기도 하고, 감정형의 배려는 우유부단함과 자신과 친밀한 사람들에게 더 긍정적인 의사결정을 하는 치우친 모습을 보여 주기도 한다. 어느 하나가 더 탁월하거나 좋다라는 의미보다 모두가 장점과 약점을 가지고 있다는 것이다. 그럼 이번에는 직장에서 벌어지는 다양한 의사결정 상황에서의 행동 특징을 살펴보면서 나의 특징과 내가 함께하고 있는 동료들과의 특징을 한번 생각해 보자. 어떤 문제를 해결하기 위해 상황 파악과 논리적인 접근을 통해 문제를 찾고 해결하려는 사고형과 이 상황이 어떤 영향을 주는지, 함께 일하는 동료들에게는 어떤 영향을 주는지 생각하는 감정형에 대해서 말이다.

## 사고형과 감정형이 의사결정을 할 때

사고형의 가장 큰 특징은 '논리적'이라는 것이다. 이때 논리의 의미는 인과 관계이고, 구체적인 근거이기도 하다. 사고형은 의사결정을 하기 전 '그래서 어떻게 될 것 같아요?' '팩트만 이야기해 줄래요?' '그렇게 의사결정을 해야 하는 기준, 이유는 무엇인가요?' '그렇게 판단하는 근거나 증명할 수 있는 자료 있어요?' '지금 이야기한 대로 결정하면 무슨 일이 벌어질지 예상해 볼 수 있어요?'라는 질문을 자주 하는 경향이 있다. 그리고 이 질문을 통해 나온 다양한 의견, 방법들과 예상되는 결론을 연결해서 인과관계를 확인하고 평가하고 판단하는 언어를 잘 사용한다.

반면 감정형의 가장 큰 특징은 '개별화'다. 모든 상황을 하나의 기준으로 판단할 수 없고, 그 사람이 처한 환경과 특성을 고려해야 한다고 믿는 경향을 가지고 있다. 그래서 감정형은 개개인을 이해하고 인정하는 말, 인정과 칭찬, 격려의 말 그리고 공감하는 말을 잘 사용하는 편이다. '아~ 그랬구나' '그때 넌 괜찮았어? 속상하지 않았어?' '지금은 어때? 조금 회복된 거야?' '내가 같이 못 가서 미안해. 내가 그때 너와 함께 있었어야 하는데' 등과 같이 누군가를 배려하는 언어를 자주 사용한다. 재미있는 것 중 하나는 감정형이더라도 회사에서는 사고형의 기능을 사용하려고 노력하는 사람들이 많다는 것이다. 그래서 MBTI로 코칭을 하다 보면 반대 유형으로 나오는 경우가 간혹 있는데, 이때 행동과 마음에 대해 이야기를 나누다 보면 회사에서 요구하는 역할을 감당하기 위해 사고형의 기능인 '기준과 원칙에 따른 의사결정을 한다'라는 행동의 이유를 찾게 된다.

만약 사고형의 기능이 너무 과하게 사용되면 상대방은 '나한테 왜 이러지? 날 싫어하나? 내가 잘못한 게 있나?'라는 불쾌감을 갖게 된다. 사고형 기능이 발달한 한 대기업의 리더가 팀원들과 대화를 할 때 소통의 어려움을 호소했던 적이 있었는데 그때 리더의 대화법을 확인해 보니 압박하는 질문을 하고 있었고 그 질문이 팀원들에게는 '내가 또 무엇인가를 잘못했구나'라는 생각을 갖게 했다. 리더는 그저 의사결정을 하기 위해서 필요한 정보와 팀원들이 어떤 과정을 통해서 이 과업을 수행한 것인지, 내 의사결정을 통해서 얻고자 하는 것이 무엇인지를 알아야 더 정확한 의사결정을 할 수 있기 때문에 '이렇게 제안한 이유는 뭐지? 만약 반대로 하게 되면 어떤 일이 벌어지지? 클라이언트가 해결해 주길 원했던 불편함은 무엇이지?' 등 상황을 물어보는 질문을 했을 뿐인데도 말이다.

가장 좋은 방법은 팀 안에서 대화의 규칙을 정하는 것이다. 예를 들어 AAR(After Action Review)이라는 피드백을 일하는 방식에 포함한 조직이 있었다. AAR은 주요 프로젝트나 과업이 끝나고 나서 구성원들이 모두 모여 그 목표를 달성해 가는 과정에 질문을 던지는 것이다.

**AAR의 다섯 가지 질문**

① 기대하는 목표/목적은 무엇인가?

② 현재 달성값은 얼마인가? 그 차이는 무엇인가?(긍정/부정)

③ 차이의 원인은 무엇인가?(예상치 못한 성공/실패는 무엇인가?)

④ 계속해야 할 것은 무엇인가?

⑤ 그만해야 할 것은 무엇인가?(수정해야 할 것은?)

질문만 봐도 사고형에게 적합한 대화라는 것을 알 수 있다. 그래서 감정형이 AAR을 접하게 되면 '불편하거나 무섭다'고 여기기도 한다. 그런데 만약 AAR이 회사의 일하는 방식이라면 어떻게 될까? 피할 수 없을 테고, 그 방식에 적응하는 것이 필요해진다. 그래서 이 팀은 몇 가지 규칙을 정했고, 그 규칙을 바탕으로 사고형과 감정형이 목적 중심의 의사결정을 할 수 있는 가이드를 마련했다.

① 누구도 비난하지 않는다. → 동료의 잘잘못이 아니라 동료의 행동에 초점을 맞춰서 이야기한다.

② 모든 사람이 참석하고, 모든 구성원이 자신의 생각을 이야기한다. → AAR은 모든 구성원이 모여 다양한 관점을 공유하는 것이 목적이다.

③ 솔직하게 이야기한다. → 작은 것이라도 표현하고, 감추지 않아야 한다.

④ 감정적으로 이야기하지 않는다. → '속상했다, 서운했다'는 감정을 표현하는 것은 괜찮지만, 표정과 목소리에 감정적인 리액션을 추가하지 않는다.

⑤ 사실에 충실하게 이야기한다. → 의견을 말하는 것이 아니라 실제 있었던 팩트를 기반으로 이야기한다.

⑥ 어떤 보복도 있어서는 안 된다. → 회의가 끝나면 서로 어떤 감정을 가졌는지 잊고 식사와 커피를 함께하며 잊어버린다.

⑦ 의사결정의 목적은 고객과 팀이다. → 최종 의사결정을 내릴 때 어떤

결정이 팀의 목표, 고객의 니즈를 더 잘 해결할 것인가로 결정한다.

## 각자의 강점으로 팀에 기여할 때

사고형과 감정형뿐만이 아니라 외향형과 내향형, 감각형과 직관형 그리고 판단형과 인식형의 특징들을 우리는 모두 가지고 있고 사용할 수 있다. 다만 그중에서 내가 조금 더 편하게 생각하고 자주 사용하는 특징이 있을 뿐이다. 급할 때, 중요할 때 또는 나도 모르게 무의식적으로 자연스럽게 행동하게 만들어 주는 것이 바로 나의 선호 유형이다. 하지만 시간을 조금 가지며 다른 생각을 하거나, 주변에서 피드백을 받았을 때 또는 자연스러운 내 행동에 불편함을 느끼는 상대방이 있을 때 우리는 반대 행동에 대해 생각하고, 때로는 내가 비선호하는 반대의 행동을 하기도 한다. 타고난 내가 있지만, 환경에 반응하고 적응하려고 하는 나도 있기 때문이다.

팀 안에서 구성원 중 한 명으로 일을 할 때도 동일하다. 각자가 자연스럽게 팀에 기여할 수 있는 부분이 있고, 반대로 팀에 불편함을 느끼게 할 수도 있다. 그것을 인식하는 순간 내가 잘할 수 있는 행동을 찾아낼 수 있게 된다.

예전에 MBTI 워크숍을 진행한 팀 중 5명으로 구성된 영상제

작팀이 있었다. 리더와 시니어 2명, 그리고 신입사원 2명이었는데, 워크숍에서 팀의 강점과 약점을 찾는 대화를 나누며 한 가지 인사이트를 찾게 되었다. 그것은 바로 콘텐츠의 콘셉트에 구성원들의 강점과 약점이 반영되어 있다는 것이었다.

리더와 시니어 등 3명은 사고형이었고, 신입사원 2명은 감정형이었다. 팀은 업무를 할 때 선배 1명과 신입사원 1명이 매칭되어서 사수와 부사수로 일했는데, 부사수가 과업을 진행하는 과정에서 사수에게 물어보고 컨설팅을 받는 구조였고, 최종적으로 의사결정은 개인이 하지만 리더와 합의를 하곤 했었다. 영상제작팀은 일을 잘하고 있었고, 평가가 좋았던 팀이었는데 리더와 시니어는 한 가지 다른 인사이트를 찾게 되었다. '우리 팀이 감성적인 영상을 만들지 못했었던 이유가 있었네요. 리더인 저와 시니어 2명이 모두 사고형 기능을 더 자주 사용하는 사람들이다 보니 감정형의 후배들이 가져오는 감성적인 영상을 이해하지 못했었던 것 같아요'라고 말이다. 그리고 일하는 방식에 큰 변화를 주게 되었다. 논리적인 시나리오가 필요한 영상은 선배들이 주도를 하고, 감성적인 영상을 만들어야 할 때는 선배들과 리더는 빠지고 감정형인 신입사원들에게 전권을 주는 것으로 말이다. 이유는 간단했다. 사고형의 강점이 감정형의 강점을 막는 것을 막기 위해서였다.

사고형은 일을 할 때 분석적인 자료를 준비하고, 그 자료를 바탕으로 의사결정 하는 것을 선호한다. 그 과정에서 인과 관계를 보여 주는 원인과 결과를 연결시키는 대화를 한다. 문제의 원인을 잘 찾아내기도 하고, 그 문제를 해결할 수 있도록 대안을 제시하는 것에도 강점이 있다. 다양한 질문을 통해 대화하는 모든 사람의 생각을 듣고 확장시키는 강점도 있다. 그리고 이 과정을 통해 동료들이 보지 못했던 반대 관점을 떠올릴 수도 있다.

반대로 감정형의 강점도 있다. 고객의 불편과 니즈를 찾아내는 공감 능력을 활용하며 영업 전문가가 되기도 하고, 동료들 간의 원활한 소통을 통해 협업과 갈등을 중재하기도 한다. 인정과 칭찬을 통해 동료들을 동기부여하거나 친밀한 소통과 관심 표현으로 신규 입사자의 적응을 돕는 등 팀에 활력을 넣어 주는 분위기 메이커가 된다.

중요한 것은 우리 팀의 목표와 목적을 위해 '내가 가진 강점을 어떻게 활용할 것인가?' '내가 보완해야 할 약점은 무엇인가?'를 구분하고 선택하는 것이다.


## 사고형과 감정형이 잘못된 부분을 알게 되었을 때

선거철 집에서 TV를 보고 있었다. 배우자 이슈가 뉴스로 나오자, 감정형인 아내가 내게 이런 질문을 했다. '배우자가 만약 범죄를 저지르면 어떻게 할 거야?' 이 질문에 사고형인 나는 '죄를 지었으면 벌을 받아야지. 함께 경찰서로 가서 자수하도록 할 것 같은데'라고 답했고, 아내는 '아니, 배우자잖아. 남도 아닌데 이 해해 줘야 하는 거 아냐?'라고 했다. 사고형인 딸도 '벌은 받아야 지'라고 말하는 모습을 보면서 이런 감정적(?)인 모습이 성별이 아닌 유형의 특징임을 더 확신했다.

직장에서도 마찬가지다. 일을 하다가 문제가 발생했을 때, 또는 실수나 잘못을 발견하게 되면 사고형과 감정형은 조금 다른 반응을 보인다. 사고형은 문제를 있는 그대로 드러내야 그 문제를 해결할 수 있다고 생각하고 행동한다. 그리고 명확한 기준과 원칙에 따라 그 문제를 해결하기 위해서 결정을 한다. 이때 나와 친한 사람, 가족 또는 특별한 상황은 변수가 되지 못한다. 사고형이 선호하는 이 방식은 문제를 해결하는 데 도움이 되지만, 반대로 감정적인 공감을 끌어내기는 쉽지 않다.

반대로 감정형은 이 문제를 드러냈을 때 동료들이 어떤 영향을 받을지를 고민하고 행동하며, 문제 해결 이전에 각 사람에게 관심을 갖고 상대방을 배려하는 말과 행동을 통해 마음을 얻을 수는 있다. 이 또한 좋은 사람으로 인식될 수는 있지만, 조직이나 팀 관점에서는 다음을 예측할 수 없도록 만드는 모호함을 갖게 하기도 한다.

잘못된 부분을 알게 되었을 때, 우리는 어떤 행동을 하는 것이 맞을까? 이 또한 정답은 없다. 하지만 내가 말하고 싶은 건 '목적'

이다. 만약 채용을 하는 과정에서 한 사람 한 사람을 배려하게 된다면 조직은 모든 사람을 채용해야 한다. 또한 하나의 기준과 원칙으로만 잣대를 들이대면 우리가 경험하지 못했거나 예측하지 못하는 이슈에 대해서는 대처가 불가능해진다. 지금 우리가 하고 있는 과업의 '목적'이 '성장'이라면 성장에 초점을 맞추는 결정이 필요하고, '성과'라면 목표를 달성하는 결정이 필요하다. 방법이 아닌, 목적을 중심으로 소통하는 방법을 한번 연습해 보면 좋을 것 같다. 대신 중요한 것은 '모든 사람의 생각과 관점은 다르다는 것을 인정하는 것이고, 나와는 다른 의견 또한 존중해야 한다'는 것이다.


## 사고형과 감정형이 힘들어하는 동료를 봤을 때

MBTI 전문가 과정 교육을 받을 때였다. 일반강사가 되기 위해 오랜 시간 동안 MBTI를 학습하던 예비 전문가들이 모여 함께 학습을 할 때 '청소년 딸이 임신을 했다면 어떻게 행동하겠어요?'라는 질문을 가지고 토론을 했던 적이 있었다. 이때 사고형 유형들과 감정형 유형들끼리 모여서 하나의 안을 만드는 시간과 생각을 공유하는 시간을 가졌다.

감정형 전문가들이 먼저 발표를 했는데 가장 먼저 '정말 제 아이라고 생각하니 앞이 막막해지더라고요'라는 표현을 사용했다. 그러고 나서 감정형들은 두 가지 행동을 먼저 할 것 같다고 했는데, '아이를 안고 엉엉 울거나, 아이에게 실망했다고 화를 내며 때릴 것 같다'고 했다. 그러고는 내 감정이 조금 가라앉으면 '아이에게 무슨 일이 있었는지 상황을 파악할 것 같다'며 아이를 도와줄 수 있는 방법을 찾을 수 있는 대화를 하겠다고 했다.

그럼 사고형은 이 상황에 어떻게 대처했을까? 사고형들은 토론이 시작되자마자 '지금 우리가 논의해야 하는 상황이 뭐죠? 누가 먼저 이야기할래요?'라며 토론의 방법을 먼저 정했다. 그리고 발표를 할 때는 '저희는 먼저 상황을 파악하는 대화를 아이랑 나눴다. 아이에게 상대가 누구인지, 그 상대는 현재 상황을 알고 있는지, 언제부터 알고 지낸 사이인지를 먼저 물어보고, 지금 이 상황을 누가 알고 있는지(누가 알고 있는지에 따라 대처 방안이 다르기 때문이라고 설명) 등을 확인한 후 아이에게 어떻게 할 것인지 의견을 물어보겠다'고 했다.

그런데 사고형과 감정형 부모님의 반응을 청소년 아이들에게 이야기하면 어떤 감정이 들 것 같은지에 대한 추가 대화에서 조금 놀라운 반응을 듣게 되었다.

감정형 청소년은 사고형 부모의 행동을 마주하게 되면 '나를 사랑하나? 내가 지금 얼마나 힘든지는 관심도 없고, 어떻게 나한테 그렇게 할 수 있지?'라고 이야기할 것 같다고 했고, 사고형 청소년이 감정형 부모의 행동을 마주하게 되면 '나를 사랑하나? 내가 지금 얼마나 중요한 상황인데, 나한테 무슨 일이 있었는지, 어떻게 해결할지는 관심이 없고 엄마, 아빠의 감정만 앞세우나?'라며 불만을 토로할 것 같다는 의견이 나왔다. 결론적으로 자신의 유형과 반대되는 행동이 먼저 나왔을 때의 반응은 '내가 상대에게 중요한 사람이 아니구나'였다.

우리가 직장을 다닐 때, 일을 할 때, 누군가와 함께할 때 즐거운 일만 있지는 않다. 힘들거나 짜증나거나 또는 예상하지 못했던 어려움을 마주하는 경우도 자주 있다. 이때 사고형과 감정형은 조금 다른 반응을 보인다. 사고형은 '무슨 일이야?' '네가 잘못했네' '그렇게 하면 안 되는 거였어' '그래서 너는 어떻게 할 거야?'라며 상황을 파악하고, 판단과 평가를 하며 빠르게 문제를 해결하려 한다. 감정형은 '괜찮아?' '다 좋아질 거야' '속상했겠다' '어떻게, 괜찮아?'라며 공감의 언어를 먼저 사용한다. 그런데 시간이 조금 지나면 사고형은 공감과 이해의 언어를 사용하기 시작하고, 감정형은 상황을 파악하며 어떻게 문제를 해결할지에 대해 이야기를 하기 시작한다. 하지만 상대방은 그 시간을 기다려 주지 않는다.

그래서 내가 제안하고 싶은 것은 '사고형에게는 사고형의 언어를 먼저 사용하고, 감정형에게는 감정형의 언어를 먼저 사용하는 것'이다. 이 또한 정답은 아니지만 서로를 이해하고 존중하고 있다는 마음을 전달할 가능성이 조금은 더 높으리라 생각된다.

## 리더가 사고형 또는 감정형일 때

사고형 리더는 의사결정을 하는 과정에서 자신의 질문과 의사 결정 방법을 팀원들에게 공유해 주는 것이 좋다. 실제로 MBTI 워크숍 이후 한 사고형 리더는 팀원들과 의사결정의 대화를 하기 전에 "이번에 진행하는 프로젝트의 성공 기준은 '클라이언트의 만족도'가 될 거예요. 그래서 의사결정의 기준도 '클라이언트의 불편함과 그들의 원했던 것들을 어떻게 해결하는가?'에 맞춰서 진행할 예정입니다"라며 프로젝트나 과업을 실행하기 전 의사결정 기준을 팀원들과 소통하는 시간을 갖기 시작했다. 그리고 중간중간 미팅이나 회의를 할 때 "제가 질문을 조금 많이 할 수도 있어요. 그런데 잘못했기 때문에 취조하는 건 절대 아니고, 의사결정을 더 잘하려면 상황을 알아야 해서 그 상황이 궁금한 거예요. 오해하지 말아요"라며 자신의 행동을 미리 알려 주는 습관을 갖게 되었다. 이 습관을 통해 자신의 강점을 그대로 사용하면서 팀원들이 오해하는 부분을 많이 해소할 수 있었다.

감정형 리더는 의사결정 과정에서 즉흥적이거나 명확하지 않은 기준을 가지는 경우가 종종 있다. 실제로 감정형인 한 리더는 팀원들에게 좋은 리더로 기억되고 있었고, 인정과 칭찬을 잘해 주는 리더, 어려움을 잘 이해해 주는 리더 그리고 팀원들을 잘 챙겨 주는 리더로 칭찬이 자자했었다. 그런데 리더십 평가 후 충격을 받고 나를 찾아오게 되었다.

팀원들은 감정형 리더에게 '나의 성장을 위해서 쓴소리를 해달라' '팀 목표와 어긋나는 팀원에게 명확하게 피드백을 해줬으면 좋겠다. 리더가 참고 있는 만큼 동료들이 힘들다' '문제를 해결할 때와 타부서와 협업할 때 정확하게 팀원이 해야 할 일, 해결해야 할 일을 정해 줬으면 좋겠다. 믿고 맡기기보다는 추적하면서 실행되고 있는지, 해결되고 있는지를 파악하는 팔로업이 연결되면 좋겠다' '조금 아쉬운 것은 실행력, 문제 해결력이라고 보인다' '너무 혼자서 스트레스를 다 감당하려고 하는 것 같다. 스트레스를 풀어내는 방법도 고민해 달라'라는 피드백을 주었고, 이 피드백을 받은 감정형 리더는 '내가 리더로 적합한 사람인가?'라는 고민에 빠지게 되었다. 결론적으로 감정형 리더는 코칭 이후 자신의 강점과 약점을 구분하면서 자신에게 맞는 리더십을 정의하기 시작했다. '내가 잘하는 부분은 팀원들이 주도적이고 즐겁게 일할 수 있는 환경을 만들어 주는 것이고, 반대로 내가 조금 더 보완해야 할 부분은 그럼에도 불구하고 아닌 것은 아니라고 말하는 것과 대안을 찾고 소통을 하는 것'이라고 말이다.

문제를 해결할 수 있도록 원인을 찾고 판단을 하고, 지원을 하는 사고형 리더와 응원하고 격려하면서 함께 문제를 해결하려는 감정형 리더, 이 중에 더 나은 리더가 있는 것도 아니고 완벽한 리더가 있는 것도 아니다. 모든 구성원들이 100점을 줄 수 있는 리더도 없고, 팀원도 없다. 우리가 MBTI를 통해 나와 동료를 이해하려고 노력하는 이유 중 하나는 바로 '내가 완벽하지 않다'는 것을 인정하기 위함이기도 하다. 완벽한 사람, 모든 것을 잘하는 사람이 되기보다 지금 현재 구성원들에게 필요한 것을 채워 주는 리더가 되어 보는 것은 어떨까? 그리고 나와 잘 맞지 않은 특징을 가진 리더에게 팀원인 내가 먼저 맞춰보는 것은 어떨까?

### 사고형 리더만의 강점

① 조직의 목적, 목표가 먼저라고 생각하는 경향이 있다.

② 정해진 기준과 원칙을 중요하게 여기려고 한다.

③ 문제 해결에 초점을 맞추고 대화를 하면서 문제 해결 중심의 의사결정을 하는 것을 편하게 생각한다.

④ 일 중심, 조직 중심으로 시간 사용하는 것을 좋아하고 그런 구성원을 좋아하는 편이다.

⑤ 원인과 결과를 연결시키기 좋아하고, 이를 확인하기 위해 질문을 자주 하는 편이다.

### 감정형 리더만의 강점

① 의사결정 이후 구성원들에게 어떤 영향이 가는지를 생각한다.

② 인정과 칭찬, 감사와 사과를 자연스럽게 하는 편이며 개인적으로 깊이 있고 신뢰하는 관계를 만들어 가는 것을 좋아하는 편이다.

③ 구성원 개개인의 강점, 다름에 관심을 가지는 편이다.

④ 팀 문화에서 협력, 협업, 소통, 조화, 배려, 공감을 중요하게 여긴다.

⑤ 구성원 개인의 행복, 성장, 성공에 관심을 가진다.

## 반대 시각에서 바라보는 사고형 리더의 약점

① 너무 일만 하려고 하는 경향이 있다.

② 사람과 상황에 따른 융통성이 없어 보이기도 하고, 냉정한 사람으로 보이기도 한다.

③ 목표 달성을 무엇보다 중요하게 여기며 성과에 대한 스트레스를 받기도 한다.

④ 동료들의 어려움에 공감하기보다는 평가와 판단을 잘하는 것처럼 보여 차갑게 느껴지기도 한다.

⑤ 의사결정을 본인이 주도하려고 하는 것처럼 오해를 사며 동료들의 의견이 잘 반영되지 않는 듯 보이기도 한다.

## 반대 시각에서 바라보는 감정형 리더의 약점

① 주관적인 판단 기준이 의사결정에 반영되면서 향후 의사결정 기준을 예측하기 어려워하기도 한다.

② 성장을 위해 개선해야 하는 점, 불편한 피드백을 잘 전달하지 못하기도 한다.

③ 팀의 목적과 목표보다 개개인의 상황과 요청 사항에 더 집중하기도

한다.

④ 문제 해결보다 관계에 초점을 맞추며 실질적인 문제들이 우선순위에서 밀리기도 한다.

⑤ 관대함으로 인해 명확한 평가가 반영되지 않기도 한다.

# 사고형과 감정형이
# 서로를 이해하는 법

일과 사람의 갈림길에 선다면 어떤 결정을 할 것인가. 일을 중요하게 여기는 사고형은 '문제 해결'에 초점을 맞춘다. 그래서 어떤 동료에게 문제가 발생한다면 대화의 주를 이루는 내용은 '어떤 문제가 발생했는가?' '그 문제의 원인은 무엇인가?' '그 문제를 해결하기 위한 해결책은 무엇인가?' 'A와 B 중에 어떤 대안이 더 좋은 대안인가?'에 대해서다.

반면 사람에게 더 관심 있는 감정형은 '관계와 영향'에 초점을 맞춘다. 그래서 '그 사람에게 어떤 일이 벌어졌는가?' '그 사람의 마음, 감정은 어떨까?' '그 사람에게 도움이 되려면 어떻게 해야 할까?' 'A와 B 중에 어떤 것이 그 사람에게 도움이 될까?'를 고민하는 것을 선호한다. '맞아, 틀려'를 이야기하는 사고형과 '좋아, 싫어'를 이야기하는 감정형이 서로에게 어떻게 행동하면 좋을지 알아보자.

## 사고형이 감정형에게 맞추는 방법

**1. 감정형은 대화할 때 정서적으로 노력하는 사람을 편하게 생각한다.**

▶ 감정형의 동료가 힘들어하는 모습을 보일 때 사고형이 가장 먼저 묻는 질문이 있다. '무슨 일이야? 왜 그래?' 그리고 '괜찮아, 다 그런 일 겪어. 내가 뭐 도와줄까? 뭘 해결해 주면 되겠어?'라고 말하기도 한다. 그런데 이런 표현은 감정형에게 어떤 첫인상을 줄까? '지금 내가 힘들어하는데, 그게 안 보이나?'라는 생각과 함께 '내가 중요한 사람이 아니구나'라는 감정을 받게 한다.

감정형에게는 감정형의 언어를 먼저 사용해 주는 것이 좋다. 힘들어하는 동료에게 해줄 수 있는 첫 번째 대화는 '힘들었겠다. 어려웠을 텐데 고생했어. 아프지는 않아? 건강관리 잘하고, 도움 필요하면 언제든 이야기해'일지도 모른다. 감정형의 감정이 평소와 같지 않고 즐거움 쪽이든 슬픔이나 어려움 쪽이든 어느 한쪽으로 조금 기울어져 있을 때에는 특히 더 정서적으로 대하려고 노력해야 한다. 인정과 칭찬도 아끼지 말고 사용하자.

**2. 감정형은 업무적인 관계와 동시에 인간적인 관계를 형성하는 것이 중요하다.**

▶ 감정형과 의사소통을 할 때에는 용무를 소통하기 전에 먼저 친밀한 관계를 수립하는 것이 중요하다. 관계가 반드시 '친해져라'는 의미는 아니다. 개인의 사생활은 본인이 오픈하지 않는 한 물어보거나 함께하는 것이 아니라는 것이 직장 생활에서의 룰이 되어가고 있기 때문이다.

대신 감정형과의 관계란 '커피챗, 식사, 대화'와 같이 업무를 더 잘할 수 있는 소통의 시간을 확보하는 것을 의미한다. 이 시간을 어떻게 사용하는가는 개인의 선호에 따라 다를 수 있겠지만, 먼저 일과 관련해서 서로가 알아야 하는 경력, 경험, 스킬과 툴 사용법 등에 대해서 이야기를 나눠야 한다. 그리고 언제 동기부여가 되는지, 어떤 말과 행동에 서로 상처가 되거나 기분이 나쁜지 등을 공유하면 좋다.

왜냐하면 감정형은 일만 잘하고, 열심히 한다고 좋은 회사라고 생각하지는 않는다. 그와 더불어 서로 친밀한 관계, 의미 있는 관계를 형성해야만 더 좋은 직장이 될 수 있다고 믿기 때문이다.

한 ESFJ 동료는 모든 회사의 구성원과 일대일로 식사와 커피챗을 했을 정도로 사람들이 많이 좋아하고 찾는 사람이었는데, 그 주변에 모이는 사람들은 감정형도 있고, 사고형도 있었다. 그래서 사람의 마음을 얻는 가장 강력한 무기를 감정형이 가지고 있구나 하고 느끼기도 했다.

▶ 감정형에게 대화란 단순히 정보를 나누는 것이 아니라, 내가 중요한 존재라는 것을 알 수 있도록 관심을 표현하는 것이고 마음을 나누는 것이다.

그들에게 먼저 인사하고, 관심을 표현해 주고, 그들이 좋아하고, 관심 있어 하는 부분에 대해 질문도 하고, 이야기도 이끌어 보자. 그리고 나서 업무와 관련된 소통을 하면 더욱 업무가 원활해진다. 만약 이미 멀어진 사이라면 관계 회복에 먼저 노력하는 것이 중요할 수 있다.

가끔 팀원들이 팀장과의 개인적 대화를 부담스러워할까 봐 일부러 업무 관련 대화만 나누는 팀장도 있다. 그러나 모든 MZ세대가 개인적인 이슈를 이야기하기 꺼린다는 것도 오해다. 어떤 MZ세대들은 '팀장님이 저와 친밀한 시간을 함께해 주지 않아서 제가 중요한 사람이 아닌 것처럼 보여요'라며 자주 커피챗과 식사를 하며 관심을 가져달라고 요청하기도 한다. 또 함께했던 많은 전 직장 동료나 지인들 중에 먼저 식사를 하자고 요청하거나 회식 자리에 초대하는 사람들 중 감정형이 많았다.

# 감정형이 사고형에게 맞추는 방법

**1. 사고형은 객관적인 근거를 궁금해한다.**

▶ 사고형과 의사소통을 할 때에는 침착하고 객관적인 자세를 취하려고 노력해야 한다. 감정형의 감정 표현이 많아질수록 사고형은 객관적인 판단의 근거를 얻지 못해 당황하기 때문이다.

그래서 사고형은 질문이 많은 편이다. '꼬치꼬치 캐묻는다'라는 표현은 업무를 할 때 사고형들이 많이 듣는 말이다. 사고형이 선호하는 행동은 바로 기준과 원칙에 따른 의사결정이기 때문이다. A와 B라는 선택지가 있다면, 목표를 달성하기 위해 A라는 선택을 했을 때 얻게 되는 장단점과 B라는 선택을 했을 때 얻게 되는 장단점을 빠르게 분석하고 결론을 내린다. 그런데 만약 그 근거가 명확하지 않다면 어떻게 될까? 아마 사고형은 판단을 하지 못하고 계속해서 질문을 하게 될 것이다. 그래서 사고형이 좋아하는 대화 패턴인 SBI 대화를 알아두면 좋다.

- Situation/어떤 상황이 있었는가: 실제 일어난 내용을 바탕으로 팩트를 알고 싶어 한다.
- Behavior/어떤 행동이 있었는가(행동을 계획하는가): 다양한 대안을 알고 싶어 한다.
- Impact/어떤 영향이 있었는가(예상되는가): 다양한 대안에 따른 긍

정적·부정적 영향을 알고 싶어 한다.

**2. 사고형의 솔직함에 오해가 없어야 한다.**

▶ 만약 사고형 인사팀 직원이 면접에 들어갔는데, 친구나 가족이 면접을 보러 오면 어떻게 할까? 다른 것은 없다. 그저 다른 면접자들과 동일한 평가를 받게 될 확률이 높다. 어쩌면 더 높은 기준으로 평가를 할지도 모른다. 그리고 그 결과를 솔직하게 이야기한다. '○○은 회사가 원하는 기준 중 □□이 부족해서 불합격했어'라고 말이다.

또 시험을 보다가 친구가 답안지를 보여 달라고 요청했을 때 '시험 답안지를 보여 주는 것은 잘못된 행동이야'라고 말하며 그 누구에게도 답안지를 보여 주지 않을 수도 있다. 피드백을 전할 때는 어떨까? 상대방의 감정보다 더 중요한 것은 이번 평가와 개선해야 하는 행동, 일하는 방식을 명확하게 전달하는 것이라고 생각할 수도 있다. 상대방이 조금 불편한 감정을 갖더라도 더 중요한 것은 '기준과 원칙에 따라 행동하는 것'이기 때문이다.

▶감정형이 사고형과 대화할 때에는 자신의 감정도 그들의 사고, 현실적인 팩트만큼 중요한 하나의 현실임을 미리 이야기해 주는 것이 좋다. 물론 사고형이 감정을 가지고 있지 않는 것은 결코 아니다. 미안함과 감사함을 가지고 있지만, 그보다 '솔직하게 전달하는 것'이 더 중요하다고 믿기 때문에 냉정한 말과 행동을 하

는 것뿐이다.

감정형이 만약 사고형과 불편한 대화를 해야 할 때, 그들의 솔직함에 놀라지 않았으면 좋겠다. 그들의 말에 감정적으로 대응하거나 이면의 의도를 찾기보다는 '있는 그대로' 들어주는 게 좋다. 이때 필요한 것이 '어떤 목적에서 지금의 말과 행동을 하는가?'다. 즉, 사고형의 기준과 원칙을 먼저 물어보고 그 행동을 파악하는 것이 필요하다.

# 일터에서
# 판단형(J)과 인식형(P)

　직장에서 판단형과 인식형은 일을 할 때 가장 많은 차이를 보여 준다. 그만큼 서로에 대한 차이를 이해하기 쉽지 않지만, 만약 서로를 이해한다면 강점으로 일할 수 있는 다름을 가지고 있는 것이다.

　우선 판단형은 '계획'과 '통제'라는 키워드를 중요하게 여긴다. 해야 할 일이 생기면 바로 '우리가 얻어야 할 목표는 무엇인가?' '그 목표를 어떻게 실행할 것인가?' '누가 그 과업을 실행할 것인가?'를 계획하고 그 계획대로 실행해 가는 것을 좋아한다. 이때 계획대로 실행하는 것을 통제라고 표현한다. 재미있는 것은 EJ의 경우는 내 과업뿐만이 아니라 다른 동료들의 과업과 계획에도 의견을 내고, 적극적으로 관여하려고 하는 반면에 IJ의 경우는 내 과업을 중심으로 생각한다는 점이다.

그럼 인식형은 어떻게 다를까? 인식형은 '자율'과 '변화'를 중요하게 여긴다. 인식형이 좋아하는 단어가 융통성, 자율성, 개방성인데, 이는 과업을 수행할 때에도 나타난다. '결과보다 과정' '기존과는 다른 방법'이라는 단어들이 인식형에게 붙는 설명이기도 하다.

## 판단형과 인식형이 계획과 실행을 할 때

판단형은 업무를 실행하기 전 계획을 세우는 데 에너지를 많이 사용한다. 계획을 세우는 과정에서 내가 알고 있는 내용들을 모두 포함시키기도 하고, 외부 사람들을 만나거나 학습하며 계획을 완성해 간다. 그러다 보니 계획을 세우는 데 시간이 오래 걸리고, 계획이 조금 많아 보이기도 한다. 하지만 계획을 세운 이후에는 실행만 하면 되기 때문에 속도가 빨라진다는 장점이 있고, 구체적인 계획들로 인해 약속한 시간과 결과물을 지켜내는 것이 그리 어렵지 않다.

인식형은 계획을 세우는 것보다 실행에 초점을 맞춘다. '하다 보면 더 새로운 것이 나올 것 같은데?'라는 생각으로 뼈대가 되는 계획만 세우고 바로 실행에 옮기는 편이다. 그런데 인식형은 데 드라인이 남아 있는 과업을 실행하기보다는 지금 바로 눈앞에 다 가온 과업을 실행하는 것을 좋아한다. 일명 몰아치기, 밤새우기라 고도 하는 이 방식은 미룰 수 있을 때까지 미룬다는 특징을 보여 주는데, 분명 어제까지 진도가 거의 안 나갔던 과업도 단 하루 만 에 완결이 되어버리기도 한다.

인식형이 이렇게 과업의 실행을 늦추는 이유 중 하나는 몰입도 의 차이 때문이다. 동일한 일을 하더라도 미리 할 때 집중이 10이 라면 직전에 하면 30~50 이상으로 크게 올라가기 때문이다. 미 리 할 때 10시간 걸리는 작업이 전날 하면 3~4시간에 마무리되 는 것을 체득했기에 공부할 때와 일을 할 때엔 시간이 임박해서 진행하곤 한다.

둘의 차이점은 또 있다. 판단형은 프로세스 즉 절차를 지키는 것을 중요시한다. 만약 일하는 방식에서 정해진 절차가 있다면 그 것을 준수하는 것이 일을 제대로 했는지, 일을 잘못했는지를 판 단하는 기준이 된다. 아무리 좋은 결과가 나왔다고 하더라도 절 차를 지키지 않았다면 그 과정이 존중받지 못하기 때문이다. 하 지만 인식형은 절차보다는 임기응변에 맞추는 것이 더 낫다고 판 단한다. 더 좋은 방법이 있었다면 그 방법을 존중해 주는 것이다. 이런 차이가 일터에서도 자주 나타나니 각 유형의 차이를 생각해 보고 일하는 방법에서 규칙을 정하면 좋겠다.

## 변화가 필요할 때의 판단형과 인식형

구체적인 계획을 세우는 것이 판단형의 강점이라면 변화가 필요할 때 빠르게 대처하지 못하는 것은 약점이라고 볼 수 있다. 계획을 세우는 데 너무 오랜 시간을 투자했고, 변화해야 한다면 이미 짜여진 계획 모두를 수정해야 하기 때문이다. 간단하게는 방금 보고한 보고서의 수정에서부터 현재 진행하고 있는 프로젝트의 목표와 전략을 수정하는 부분까지 모두 변화에 해당한다. 또 내가 일을 하는 장소, 일하는 방식, 내 직무와 회사 등의 변화에 불편함을 느끼기도 한다.

판단형의 행동을 조금 더 선호하는 사람들은 일뿐만이 아니라 일상생활에서도 계획을 세우고, 그 계획들을 지켜가기도 하는데 퇴근 후의 일정, 주말 일정에 대해서도 계획을 세우고 시간을 통제하려고 한다. 만약 가족들이 내 계획에 포함되어 있지 않은 새로운 일정을 불쑥 이야기하면 스트레스를 받는다.

인식형은 변화에 능동적으로 대처하는 경향을 보인다. '이 자료를 수정해야 할 것 같은데?' '이번 프로젝트 목표를 조금 다르게 해볼까?'라는 요청에 판단형보다 더 긍정적으로 받아들이는 모습을 볼 수 있다. 인식형에게 변화는 '더 좋아지는 것'이고 '내가 경험하지 못한 새로운 경험을 해볼 수 있는 과정'이기 때문이다.

## 판단형과 인식형에게 동기부여가 될 때

판단형과 인식형의 동기부여는 업무의 방식과도 연결이 된다. 판단형은 분명한 목표가 설정되어 있을 때, 업무를 하는 과정에서 눈에 보이는 계획의 진척도와 변화하는 결과물, 그리고 명확한 평가 기준이 있을 때 조금 더 몰입하는 경향을 보인다.

이와는 다르게 인식형은 개인에게 자율권이 있을 때, 마감 시일이 다가오는 과업을 수행할 때, 일을 하는 과정에서 내가 성장하고 있다는 것을 느낄 때 몰입을 한다.

누군가는 '자율권이 있을 때나 구체적인 목표가 설정되어 있을 때는 모두가 동기부여 되지 않나요?'라고 말할 수 있다. 물론 이는 모든 사람이 가진 특징이기도 하다. 하지만 MBTI에서 이야기하는 부분은 '조금 더'라고 보면 좋다. 예를 들어 목표가 구체적이지만 자율이 없을 때와 자율은 있지만 목표가 선명하지 않을 때를 비교해 본다면 판단형과 인식형의 차이를 더 분명하게 찾을 수 있다.

동기부여되는 상황을 반대로 생각하면 스트레스를 받을 때를 알 수 있다. 판단형은 목표가 구체적으로 세팅되지 않았을 때, 계획한 내용들이 제대로 실행되지 않을 때, 진도가 많이 나간 과업 또는 일정이 얼마 남지 않은 과업에 예상치 못한 수정사항이 발생했을 때, 시간 약속을 지키지 않았을 때와 같은 상황에서 스트레스를 받는다. 반면에 인식형은 여유가 없을 때, 과정은 중요하게 여기지 않고 결과만 중요하게 여길 때, 같은 일을 여러 번 반복해야 할 때, 정해진 규칙대로 해야 하는데 그 규칙이 복잡하고 많을 때, 그리고 융통성이 없는 상황일 때 평소보다 더 많은 스트레스를 받는다.

## 리더가 판단형 또는 인식형일 때

판단형 리더가 가장 중요하게 여기는 부분 중 하나는 바로 '예측 가능한가?'다. 하나의 목표를 수행할 때 '구체적인 목표가 있는가?' '명확한 데드라인이 있는가?' '누가 할 것인가?'에 대한 기준이 명확할 때 판단형 리더들은 안심하고 과업을 진척시킨다. 이 과정에서 목표를 이루기 위한 단계를 설정하고, 그 단계에 도달하기 위한 실행 계획(to do list)을 구체화하여 하나씩 지워가는 방식으로 일하는 것을 선호하는 편이다.

그럼 판단형은 언제 스트레스를 받을까? 가장 큰 스트레스는 '예측이 불가능할 때'다. 그래서 미리 계획한 과업들에 수정 사항이 생길 때, 새로운 목표가 갑자기 주어질 때, 과정이 끝나지 않았는데 다음 단계로 넘어가야 할 때 스트레스를 받는다.

인식형 리더들은 판단형 리더와는 다르게 예측이 불가능할 때 스트레스를 받지는 않는다. 인식형 리더는 자율과 자유가 사라졌을 때, 변화를 실험하지 못하고 하던 방식대로만 해야 하는 상황에서 갑갑함을 느끼며, 일을 하고자 하는 동기가 줄어든다고 이야기한다. 때로는 즉흥적으로 일을 해보고 싶고, 때로는 기존에 하지 않았던 방식으로 도전을 해보고 싶어 하는 것이 인식형 리더의 특징이다.

### 판단형 리더만의 강점

① 명확한 목표를 설정하고, 시간 계획이 세워지면 몰입한다.

② 업무를 프로세스적으로 접근하기 때문에 단계와 규칙 만들기를 선호한다.

③ 구체적인 업무 방법, 담당자, 시간을 정하고 지켜지기를 원하고 결과를 중요하게 여긴다.

④ 여유가 없는 상태 또는 예기치 않은 수정과 변화에 스트레스를 받고, 민감하게 반응한다.

⑤ 하나의 계획이 수정되면, 기타 모든 업무 계획을 다시 돌아보고 수정한다.

### 인식형 리더만의 강점

① 유연하고 즉흥적이고 계획하지 않았던 상황과 방법을 선호한다.

② 일을 진행할 때 자율적이고 주도적인 모습을 좋아하며 과정을 중요

하게 여기는 편이다.

③ 필요에 따라 그때그때 적응하고, 새로운 것을 찾고, 변화에 반응하는 것을 선호한다.

④ 언제든지 변경, 수정의 여지를 두고 그 시간을 즐긴다.

⑤ 마지막 순간에 몰입해서 마무리 짓는 걸 좋아한다.


## 반대 시각에서 바라보는 판단형 리더의 약점

① 통제하려고 하고, 너무 여유 없이 갑갑하게 일을 한다고 생각할 수 있다.

② 결과를 중요하게 여기다 보니, 과정에서의 성장을 등한시하는 것처럼 보이기도 한다.

③ 일을 진행할 때 의미 없는 회의와 공유의 시간이 너무 많다는 생각이 들기도 한다.

④ 융통성이 없다고 생각되며, 변화와 수정 사항이 생겼을 때 너무 스트레스를 받는 것 같아 이야기하기가 어렵다고 생각한다.

⑤ 계획에 너무 많은 시간을 사용해서 실행 시간이 늦어진다.


## 반대 시각에서 바라보는 인식형 리더의 약점

① 너무 계획 없이 즉흥적으로 일을 하는 것처럼 보이기도 한다.

② 함께 일하면서 시간을 잘 지키지 않아 언제나 조마조마하다.

③ 상황에 따라 다른 의사와 의견을 내면서 종잡을 수 없다는 생각이 들

기도 한다.

④ 너무 자주 바꾸려고 하는 것 같아 원하는 것을 따라가기가 버겁다.

⑤ 과정을 너무 중요하게 여기다 보니, 결과가 좋지 않을 때 명확하게 피드백이 되지 않을 때가 많다.

# 판단형과 인식형이
# 서로를 이해하는 법

　판단형과 인식형은 일을 진행하는 과정과 하루하루 시간을 보
내는 과정에서 큰 차이를 보인다. MBTI 워크숍을 하면서 흔히 하
는 질문 중에 '여행을 갈 때 어떻게 준비하나요?'라는 게 있다. 이
경우 판단형과 인식형은 큰 차이를 보인다. 이때 전제는 여행을
좋아한다는 것이다. 유형에 상관없이 여행을 좋아하지 않는 사람
은 여행 계획을 제대로 세우지 않기 때문이다.

　여행을 좋아하는 판단형은 여행 일정이 나오는 시점부터 계획
을 세우기 시작한다. 가장 중요한 것은 항공편과 숙소이고, 그 외
에 관광할 곳, 쇼핑할 곳, 사진 찍을 곳, 맛있는 음식 등을 빽빽하

게 일정표에 담아 둔다. 출발 시간, 도착 시간은 기본이고 교통편과 이동 시간, 대중교통 시간표 등 다양한 준비를 하고, 각 지역에서 머무를 수 있는 시간까지도 고려해서 엑셀에 정리한다. 그래서 판단형에게 즐거웠던 여행은 '내가 계획한 것들을 모두 다했을 때'다.

여행을 좋아하는 인식형은 출발과 도착, 숙소만 예약하고 여행지에서 꼭 해야 할 2~3가지 일정만 확정한다. 심지어 이런 계획들이 예약되지 않은 경우도 있다. 어떤 인식형은 그곳에서 어떤 경험을 할 수 있을지 몰라 돌아오는 항공편을 예약하지 않는다고 한다. 즐거운 일들이 많으면 그때 가서 좀 더 여행지에 머무른다는 것이다. 인식형에게 계획은 최소한으로 준비하는 일정이고, 그 최소한의 일정마저도 변경해도 된다는 생각을 가지고 있다. 인식형에게 행복했던 여행은 '새로운 경험을 한 것'이다.

그렇다면 판단형과 인식형이 함께 여행을 가면 무슨 일이 벌어질까? 구체적인 계획을 세우고, 시간표를 보며 빠듯한 스케줄을 소화하고 움직이려고 하는 판단형과 여유롭게 즐기며 자연과 새로운 환경, 그리고 사람들을 느끼려는 인식형에게 서로의 방식을 고집하려는 갈등이 생기는 것을 자주 볼 수 있다. 판단형인 나 또한 인식형 아내와 자주 여행을 가곤 하는데 그럴 때마다 구체적인 계획이 1주일 전에도 안 나오고, 수시로 일정이 바뀌는 경험을 할 때 스트레스를 받곤 했다. 또 여행 가서도 일정 계획을 따르기보다 기분에 따라 일정을 수정하는 것도 스트레스였다. 지금은 나름의 방식으로 여행을 소화한다. 여행을 좋아하는 인식형 아내가 꼭 가고 싶고 하고 싶은 것을 정하고, 계획 세우기를 좋아하는 판단형 딸이 엑셀과 PPT로 여행 계획표를 세우고 사전 PT를 한다. 그리고 그 계획표를 출력해 주면 판단형인 내가 그 일정들을 소화할 수 있도록 시간을 통제한다. 대신 언제든지 일정은 바뀔 수 있다는 것을 서로 합의하고 진행하며, 일정이 바뀌게 되면 내가 '만약 지금 이동을 못하면 A와 B 일정은 취소해야 해. 괜찮아?'라고 모두에게 물어보고 여행 일정표를 수정한다. 판단형에게는 일정이 바뀔 수 있다는 것을, 인식형에게는 약속한 일정을 소화하기 위해 다른 것을 포기해야 한다는 것을 서로 인식시켜 주는 것이다.

## 판단형이 인식형에게 맞추는 방법

**1. 인식형과 일을 할 때 변화가 있을 수 있다는 점을 기억해야 한다.**

▶ 인식형은 업무를 할 때도 자유로움과 여유를 중요하게 여긴다. 그런데 만약 해야 할 일이 명확하고 구체적이라면 어떤 일이 벌어질까? 일을 하면서 발견하게 되는 다양한 아이디어들을 반영하기가 어려워진다. 이때 인식형들은 스트레스를 받기 시작한다.

인식형에게 동일한 일을 반복해서 하는 것만큼 불편한 일도 없기 때문이다. 그래서 판단형이 인식형과 일을 할 땐 변경할 수 있는 자율권을 줄 필요가 있다. 'ㅇ일 ㅇ시까지는 보고서를 완료해야 하는데, A 부분은 제가 제안 드린 방법으로 정리해도 되고, ㅇㅇ님이 반영하고 싶은 부분을 추가해도 될 것 같아요'라고 말이다. 만약 리더가 인식형이라면 기존 방식 외에 새로운 방식을 1~2가지 추가해서 제안하는 것도 좋은 대화 방법이다. 판단형은 인식형과 일을 할 때 마지막 순간에 변경 사항이 있을 수 있다는 것을 예상하고, 그것마저도 나의 계획안에 포함해야 한다. 그리고 변화를 허용하는 분위기에서 소통하려고 노력해야 한다. 또 인식형과 어떤 일정을 정할 때는 판단형의 시간표보다 여유 있는 시간 배정을 해야 한다.

▶ 일을 할 때 가장 큰 변화는 '수정사항' 또는 '일정 변경'이다. 그런데 인식형에게는 이 부분이 큰 변수가 되지 않지만 판단형에게는 큰 스트레스 요인이 된다.

만약 인식형이 리더라면 어떤 일이 발생할까? 바로 판단형 팀원에게 '오늘 저녁까지 이 부분을 수정해야 할 것 같아요' '다음 주 주말까지 준비하기로 했던 것들은 이번 주까지로 당겨서 완료해주세요' 등과 같이 일하는 방식과 시간을 변경해 달라는 요청과 지시를 자주 한다. 이때마다 판단형은 스트레스를 받게 된다. 내 일정뿐만 아니라 연결되어 있는 협업 부서들의 일정을 모두 바꿔야 하기 때문이다.

인식형에게 변화는 중요한 동기부여 요인이다. 변화가 생겼다는 것은 '더 나은 방법'을 찾았다는 의미이기 때문이다. 하지만 일을 할 때 우리에게는 한정된 자원이 존재한다. 사람, 돈, 시간, 시스템 등등이 그에 해당한다. 그래서 변화의 폭과 리소스를 비교해 가며 더 나은 의사결정을 하는 것이 필요하다.

그래서 판단형에게는 변화나 수정이 필요한 상황에서는 변화에 필요한 리소스를 확보하거나 내가 쓸 수 있는 리소스에 맞춰 변화의 폭을 합의하는 방법을 제안한다. 내가 변화나 수정을 하기 위해서 시간, 돈, 사람 등 필요한 자원을 공유하고 그 시간 안에 할 수 있는 변화와 수정을 합의하는 것이다. '지금 말씀하신 내용을 반영하려면 최소한 1주일의 시간이 필요할 것 같아요. 만약 2일 안에 수정을 완료하려면 A님이 함께 일을 해주면 좋은데 가능할까요? 만약 저 혼자서 이 수정을 반영하려면 2일 안에는 야근을 해도 50퍼센트 정도가 가능할 것 같아요'라고 말이다.


**2. 인식형은 시간을 사용하는 방법이 다르다는 것을 이해해야 한다.**

▶ 인식형은 '임박착수'라는 특징을 가지고 있다. 시험을 볼 때, 보고서를 작성할 때, 어떤 과업을 수행할 때 데드라인 시간에 임박해서 몰아서 일을 한다는 의미다. '내일 오전 10시에 보고서 제출'이라면 그전날에 밤을 새우는 경우가 자주 있기도 한다. 이유

는 간단한다. 제출 시간 직전에 일을 하면 몰입도가 평소보다 몇 배나 올라가기 때문이다. 평소 10시간 걸리는 작업이었다면 임박해서 할 때에는 2~3시간 또는 4~5시간에 평소의 작업량을 맞출 수 있다는 것을 경험적으로 알고 있다. '미룰 수 있을 때까지 미룬다'는 말은 인식형이 일을 하기 싫다는 의미가 아니라 자신이 가장 몰입할 수 있는 시간이 될 때까지 기다린다는 의미다.

그런데 만약 판단형이 '아직까지 시작 안 했어? 언제 하려고 그래? 나랑 같이해'라고 한다면 어떻게 될까? 자신이 세운 일의 계획이 무너지고, 신뢰받지 못한다고 느끼기도 한다. 그래서 인식형과 업무를 할 때는 결과를 기다리는 것과 동시에 '언제쯤 시작할 것 같아요?'라고 시작 시점을 문의하는 것도 좋은 방법이다.

▶ 인식형이 시험 준비를 할 때 자주 하는 표현이 있다. '하루만 더 있었으면…'이라는 말이다. 그런데 재미있는 것은 하루를 더 주면 하루 더 있다가 시험 준비를 하는 모습을 볼 수 있다. 일을 할 때도 비슷한 모습을 보인다. '하루만 더 시간을 주면 더 좋은 결과를 보여 줄 수 있어요'라고 말하는 것이다.

함께 일을 할 때 인식형에게 제안하는 단 한 가지는 '함께 일하는 만큼 시간을 지켜달라'는 것이다. 시작과 끝 시간, 회의나 미팅 시간, 보고서나 일의 과정을 공유하는 시간 등등 시간을 지키지 못하면 연결되어 있는 많은 사람의 다음 과업에도 영향을 주기 때문이다.

그래서 일의 퀄리티를 올리고 싶다면 마감 시간을 스스로 당기는 방법을 한번 사용해 보자. 예를 들어 보고서를 작성한다면 데드라인을 1~2일 정도 당겨서 정리해 보자. 내 생각으로만 1~2일 전에 마치라고 하면 몰입도가 올라가지 않기 때문에 팀장님이나 동료들에게 1~2일 전 ○시에 제출하겠다고 약속해 보자. 그럼 몰입도가 평소보다는 조금 더 올라가게 된다. 그리고 작성 후 팀장님이나 동료들에게 피드백을 간단하게라도 받아 보면 남는 시간에 수정을 하거나 자료를 버전업할 수 있는 여유를 갖게 된다. 그 여유가 인식형이 하는 일의 퀄리티를 올려 주게 될 것이다.

## 인식형이 판단형에게 맞추는 방법

1. 판단형과 대화하기 전에 의사결정대로 실행할 준비를 한다.

▶ 판단형이 가장 중요하게 여기는 부분 중 하나는 바로 '디테일한 계획과 계획대로 실행하는 것'이다. 그래서 인식형은 구체적인 과업과 기간이 정해질 수 있고, 그것이 판단형과 일을 더 잘할 수 있는 방법이라는 걸 인정해야 한다.

판단형은 어떤 일을 시작할 때 실행 전에 계획을 먼저 세우는 편이다. 먼저 기대하는 목표를 정하고 그 목표를 달성할 수 있는 2~3단계의 작은 목표를 설정한다. 마지막으로 첫 번째 단계의 작은 목표를 달성할 수 있는 디테일한 계획표를 세운다. 그래서 계획을 수정해야 하는 상황이 생기면 스트레스를 받을 수밖에 없다. 계획을 세우는 데 시간과 노력을 많이 투자했는데 다시 계획을 세워야 하는 상황이 되었기 때문이다.

그래서 인식형이 판단형과 협업을 할 때 가장 필요한 것은 '시간을 지켜주는 것'이다. 대신 모든 시간을 칼같이 지키는 것은 인식형에게는 정말 어려운 일이어서 모든 계획 중에 꼭 지켜야 하는 우선순위를 확인하는 것이 필요하다.

만약 인식형이 시간을 지키는 것이 어렵다면 내 과업의 진척도를 관리하는 통제권을 판단형에게 위임하는 것도 대안이다. 예전에 10명이 조금 넘는 조직에서 대부분의 구성원이 인식형인 경우가 있었다. 그래서 그 팀의 강점은 일하는 속도와 변화에 대한 반응이었지만, 약점은 타 부서와의 협업에서 시간을 자주 놓친다는 것이었다. 이때 팀장은 한 판단형 팀원에게 새로운 과업을 주었다. 경력이 많지는 않았지만, 전체 팀원들의 외부 팀과의 협업 스케줄을 관리할 수 있도록 과업을 추가해 준 것이다. 판단형 팀원이 자신의 과업 외에 새롭게 부여된 스케줄 관리 과업을 맡은 이유도 '자신이 잘할 수 있는 일'이기도 했고, 동료들의 다양한 스케줄을 관리하면 자신이 그 과업을 수행할 때 도움이 될 수 있다고 생각했기 때문이다. 그 결과 팀 동료들은 판단형 팀원에게 계획대로 업무를 수행하는 방법에서 많은 도움을 받게 되었고, 나름

팀에서 없어서는 안 될 강점을 가진 구성원이 되었다.

▶ 판단형에게 '예측 불가능'이란 말은 정말 큰 스트레스를 주는 단어다. 업무를 할 때 더욱 그렇다. 판단형 리더는 본인이 고민해서 세운 계획이 본인의 의도가 아닌, 협업 부서나 자신의 팀원 때문에 수정해야 하는 상황이 되면 많은 스트레스를 받을 수 있다. 그래서 판단형과 함께 어떤 일을 계획했는데 일정을 변경할 경우가 생기면, 반드시 변경 일정을 먼저 알리고 반영할 수 있는 시간을 줘야 한다. 판단형은 다가올 상황에 대해 미리 알려 주면 스스로 계획을 수정하기 때문이다. '오늘까지 추가로 의견을 받지 못하면, 일정을 내일이 아니라 하루 정도 더 연기해야 할 수도 있어요. 어떻게 될지 몰라 미리 공유 드려요'라는 알람이 판단형에게는 계획을 수정할 수 있는 시간을 주는 것이기도 하다.

# MBTI 검사에서 중요한 것은 무엇일까?

정식 MBTI 검사를 하기 전에 반드시 오리엔테이션 시간을 갖는 것이 나는 매우 중요하다고 생각한다. 보다 더 정확한 검사 결과가 나오기 때문이다. 이때 주로 이야기하는 것은 다섯 가지다.

첫째, MBTI 검사는 태어날 때부터 내가 가지고 있는 고유한 특징을 찾는 도구다. '우수한 사람, 일 잘하는 사람, 똑똑한 사람, 아픈 사람'을 찾아내는 것이 아니라, 내가 남들보다 편하게 하는 행동과 불편한 행동, 남들보다 쉽게 할 수 있는 것과 어려워하는 것을 찾아내는 검사다.

둘째, MBTI에 좋고 나쁜 것은 없다. 16가지 유형은 모두 장점과 단점을 가지고 있고, 무엇이 더 좋고 나쁜지 우열을 가릴 수 없다. 대신 내가 잘하는 것을 나의 일과 삶에 적용할 'How'를 찾아가는 게 중요하다.

셋째, 내가 편안하게 자주 하는 행동을 체크한다. 모든 사람들은 E/I, S/N, T/F, J/P를 함께 가지고 있다. MBTI 검사는 그중에서 내가 편하게 여기는 생각과 행동이 무엇인지를 찾아가는 과정이다. 그래서 검사할 때 '내가 편안한 환경에서 자주 하는 행동, 편안한 행동, 내가 쉽게 할 수 있는 행동'을 체크하는 것이 중요하다.

넷째, 나에게 영향을 주는 환경을 제거해야 한다. 회사에서의 내 직책, 나의 업무 수행 방식, 엄마와 아빠라는 가정에서의 직무, 딸과 아들이라는 나의 직분, 한국/미국 또는 경상도와 전라도, 서울이라는 지역적 문화의 특색에서 나에게 요구하는 부분 등을 모두 내려놓고 그저 내가 편하고 선호하는 것을 체크하는 것이다.

다섯째, 이상적인 나도 환경에 적응한 나다. 내가 이상적으로 되고 싶은 모습을 찾는 시간이 아니다. 이상적인 모습 또한 내가 되고자 하는 모습이지 내가 태어날 때 가지고 있던 고유한 특징이 아니다.

예를 들어, '항상 시간을 잘 지키려고 한다'라는 질문과 '시간을 잘 지키지 않을 때도 있다'라는 것 중 '내가 편안하게 생각하는 행동은 무엇인가?'라는 질문을 받으면 보통은 시간을 잘 지키는 것을 체크한다. 학교생활을 할 때도, 직장 생활을 할 때도 우리는 시간을 잘 지킬 것을 강요받고 있기 때문이다. 그런데 '친구들과 함께 있을 때는 어떻게 행동하나요? 주말에 집에서는 어떻게 행동하나요?'라는 질문을 던지면 나의 답변은 어떻게 달라질까? 학교나 직장보다 집이나 주말 시간이 내가 조금 더 편안한 행동을 할 수 있는 시간이다. 그래서 이때는 가족이나 친구들끼리 또는 주말이라고 가정하고 내 행동을 체크하는 것이 나다움을 찾을 수 있는 방법이다.

MBTI 검사를 할 때 중요한 것은 내가 어떤 유형인가가 아니다. 검사를 하는 이유는 내가 남들과 다른 어떤 특징을 가지고 있는지를 알고, 그것을 더 잘 활용하기 위함이어야 한다. 나와 함께하는 사람들은 어떤 특징을 가지고 있고, 그 사람들에게 내가 어떻게 맞춰야 하는지 찾고 그렇게 행동하기 위함이다. 인생에서도 행복하고 즐겁게, 그리고 성공하는 삶을 사는 방법은 똑같은 질문에서 시작한다고 생각한다.

1. 나는 누구인가? (내 삶에서 중요하게 여기는 가치관은?)

2. 무엇을 잘하고 못하는가?

3. 그럼 내가 어떻게 해야 하는가?

4. 무엇을 좋아하고 싫어하는가?

5. 나와 함께 사는 가족과 동료들은 어떤 사람인가?

6. 내가 그들에게 어떻게 말하고 행동해야 하는가?

이 여섯 가지만 생각하고, 실천할 수 있다면 우리의 삶은 조금 더 나다움을 찾으며 행복하고 즐거울 수 있다고 생각한다. 특히 다음과 같은 상황에서는 MBTI와 같은 심리 검사나 인성 검사를 하지 말거나 진행하더라도 정말 재미를 위한 도구로만 사용했으면 좋겠다.

1. 오리엔테이션 없이 바로 검사를 진행하는 전문가
2. 검사 후 자세한 설명과 해석을 해주지 않고, 결과지만 넘겨 주는 전문가
3. 한국 MBTI 연구소와 어세스타에서 MBTI 전문가로 인증받지 않은 전문가
4. 어세스타에서 제공한 MBTI 도구가 아닌 사설 MBTI 도구

이런 사람들이나 도구들은 나를 제대로 알게 해주는 도구가 아니다.

3장

# MBTI를 활용하는 조직이
# 성공하는 이유

# F가 바라는 것, T가 원하는 것

# 성장의 도구, MBTI

먼저 '성장'이라는 키워드를 정의해보자. 성장은 공부와는 조금 다르다. 공부는 새로운 지식과 경험을 학습하는 것이고, 성장은 그렇게 학습한 새로운 지식과 경험을 토대로 나의 일하는 방식이 변화하고, 그 변화를 통해 성과가 변했을 때를 말한다. 즉, 새로운 지식과 경험을 토대로 일하는 방식이 바뀌고, 그 변화를 통해서 성과를 만들어 내야 한다는 것이다.

먼저 꼭 이야기하고 싶은 내용이 있다. 그것은 삶에서의 성장과 다르게 일하는 사람의 성장에는 한 가지 더 따라야 하는 규칙이 있다는 것이다. '내가 속한 팀과 회사, 고객에게 전보다 더 기여했는가?'다. 삶에서의 성장은 내가 정한 기준에 따라 성장했다와 성장하지 못했다로 판단할 수 있다. 하지만 직장에서의 성장은 내가 정하는 것도 아니고 동료가 정하는 것도 아니다. 가장 중요한 것은 '그래서 어떤 가치를 추가로 만들어 냈는가?'다.

내가 새로운 지식과 경험을 바탕으로 10억 원짜리 새로운 프로젝트를 실행했다고 하더라도 그 프로젝트가 실패했다면 그것은 10억 원짜리 공부를 한 것이지 그 과정에서 성장을 했다고 말할 수는 없다. 내가 새로운 스킬과 기술을 활용해서 일하는 방식을 바꿨고, 세상에 없는 새로운 아이디어를 찾았다고 하더라도 그 결과물이 팀과 회사에 그 어떤 기여를 하지 못했다면 그것은 '자아실현'을 한 것이지 성장한 것은 아니라는 의미다.

비즈니스에서 성장을 논할 때 가장 중요한 것은 바로 '팀, 회사 그리고 고객에게 어떤 가치를 추가로 제공했는가?'를 내가 스스로 증명해야 한다는 것을 기억하며 유형별 성장 방법에 대해 더 알아보자.

## 성장하기 위한 감각형과 직관형의 방법

감각형과 직관형의 차이는 업무 스타일에 강한 영향을 미친다. 감각형은 성과를 만들어 내는 것에 강점이 있고, 직관형은 새로운 방식으로 일하는 방식을 변화시키는 것에 강점이 있다. 반대로 감각형은 자신이 모르는 방법을 실행하는 데 어려움이 있고, 직관형은 현실적인 이슈를 해결하고 그것을 성과로 연결시키는 부분에서 어려움이 있다. 이 두 가지를 결합시켜 본다면 각자가 어떤 관점에서 성장할 수 있는지를 찾아볼 수 있다.

### 감각형이 성장하는 방법

① 직접 다양한 경험을 늘리는 데 시간을 사용한다(직접 적용/실행해보기).

② 간접 경험을 늘리는 활동에 참여한다(독서, 커뮤니티, 타인의 사례 공유, 새로운 곳 방문 등).

③ 내가 경험해 보지 못했던 방식으로 일하는 방식을 바꿔 도전해 본다.

### 직관형이 성장하는 방법

① 일상생활 속에서 아이디어를 기록하는 다양한 방법을 고민한다(샤워할 때, 잠자기 전에 메모하기 등).

② 아이디어를 확장하고 인사이트를 얻기 위한 다양한 활동에 참여한다(토론, 예술 활동 관람 및 참여, 시청각 자료 보기 등).

③ 작은 아이디어라도 실제 업무에 적용해보고 결과를 피드백한다.

## 성장하기 위한 판단형과 직관형의 방법

판단형은 '내가 아는 것과 내가 할 수 있는 것' 중에서 계획을 세우는 특징이 있다. 계획을 한다는 의미는 실행을 그 계획대로 한다는 것인데, 내가 모르는 것은 예측이 불가능하기 때문에 내가 아는 범위 안에서 계획을 세우는 것이다. 그렇다면 판단형의 계획에는 판단형이 모르는 새로운 지식과 경험, 일하는 방식이 포함될 수 있을까? 아닐 확률이 꽤 높다. 판단형은 자신이 아는 범위에서 계획을 세우는 경향을 보이는데, 만약 내가 몰랐던 부분을 계획하게 될 경우에는 내가 신뢰할 수 있는 실력을 가진 사람의 의견이 있거나, 몰랐던 부분을 학습하면서 계획에 포함하려고 한다. 그래서 계획에는 가능한 한 내가 통제할 수 있는 변수만이 존재하는 것을 선호한다.

그런데 이런 판단형의 약점이 바로 '내가 모르는 것을 계획하지 않으면 성장 속도가 늦어질 수 있다'는 것이다. 그래서 판단형이 성장하는 가장 좋은 방법은 바로 '판단형이 모르는 부분을 목표로 설정하는 것'이다. 판단형이 모르는 부분은 기존에 자신이 했던 레벨보다 높은 레벨의 과업이나 새로운 과업이 될 수 있다. 그런 과업을 수행할 때 계획을 세우기 위해서 끊임없이 학습을 한다.

이때 중요한 포인트는 '준비가 덜 되었더라도 먼저 실행하는 것'이다. 예를 들어 90~100퍼센트 계획이 준비되었을 때 실행하는 판단형이라면, 가급적 50~60퍼센트 계획이 준비되었을 때 바로 실행하는 것이다. 이때 판단형은 과업 초기에 실행과 함께 더 많은 시간을 학습에 사용한다. 남아 있는 40~50퍼센트의 계획을 세워야 하기 때문이다. 그래서 실행하는 과정에서 얻은 내부의 피드백과 함께 외부에서 학습한 새로운 지식과 경험들을 계획에 추가한다. 계획이 완성되기 전까지는 스트레스를 받지만, 어느 정도 계획이 정리되면 기존에 자신이 하던 방식과 많이 달라져 있음을 발견할 수 있고, '일하는 방식의 변화와 성장'이라는 단어를 떠올리게 된다. 바로 인식형이 선호하는 방식으로 일을 시작함으로써 성장한 것이다.

그렇다면 인식형은 어떻게 성장해야 좋을까? 인식형의 가장 큰 약점은 '신뢰'와 '업그레이드'다. 우선 신뢰는 인식형의 강점에서 나오는 약점인데 인식형은 시간을 지키기보다 여유로움을 좋아한다. 그리고 조기에 계획하고 실행하기보다는 임박해서 업무를 처리할 때 몰입하는 강점이 있기 때문에 자주 시간에 쫓기는 모습을 보여 주곤 한다. 인식형이 자주 하는 '1시간만 더 있었으면, 하루만 더 있었으면 잘할 수 있는데'라는 말을 들을 때면 나는 '1시간만, 하루만 더 주면 그만큼 더 빠르게 실행할 것 같아요?'라고 질문한다. 그러면 '아니요, 그만큼 늦게 시작해서 지금이랑 똑같을 것 같아요'라는 답이 돌아올 확률이 높다.

인식형이 성장하는 방법은 이런 약점을 해결하는 것이다. 직장에서 혼자 일을 하는 사람은 없다. 내가 하는 일이 다음 동료에게 전달되고 그 동료의 과업이 또 다른 동료나 나에게 다시 돌아오듯이 우리의 일은 모두가 연결되어 있다. 그런데 협업하는 과정에서 누군가가 일정을 놓치면 어떻게 될까? 다음 사람들의 모든 계획이 수정이 되어야 하는 상황이 생긴다. 다음 사람도 인식형이라면 어찌 되었든 결과를 맞출 수 있겠지만 만약 다음 사람이 판단형이라면 그 사람이 세운 계획은 어떻게 될까?

그래서 인식형에게 제안하는 것은 두 가지다. 하나는 협업과 관련된 과업에서 시간을 지키는 '신뢰'이고, 하나는 몰입하는 시간을 앞당겨서 진행하고, 이후 남는 시간에 '업그레이드'를 하는 것이다.

직장에서의 성장에 '조직과 고객에게 기여하는가?'라는 질문이 포함된다는 것은 '내가 팀의 목표에 전보다 더 큰 기여를 하고 있다'는 말로도 해석할 수 있다. 외향형과 내향형도 자신이 선호하는 방식뿐만이 아니라, 선호하지 않는 방식을 학습하고 실행해야 할 때도 있다. 사고형과 감정형도 마찬가지지다. 감각형, 직관형, 판단형, 인식형처럼 패턴을 공유할 수는 없지만, 결론적으로 우리가 일을 하는 이유가 '고객에게 더 큰 가치를 주며 조직의 목표에 더 큰 기여를 하기 위해서'라는 것을 기억하자.

**판단형이 성장하는 방법**

① 내가 경험하지 못한 높은 수준의 목표, 새로운 목표를 설정한다.

② 나와는 다른 지식과 경험을 가진 사람들과 함께 협업하며 그들의 계획에 나의 계획을 추가한다.

③ 내가 몰랐던 일하는 방식을 실행하고 있는 사람들을 만나 그들의 경험과 계획을 학습한다.


**인식형이 성장하는 방법**

① 일과 관련되어 약속된 시간을 지킨다.

② 과업의 시간을 앞당겨서 마무리하고, 피드백을 통해 업그레이드하는 시간을 갖는다.

# MBTI를
# 조직에서 사용해야 하는 이유

나는 가능한 한 MBTI를 개인뿐만 아니라 팀이나 회사 차원에서 사용할 것을 권장하는 편이다. MBTI가 나를 이해하는 데 도움을 주는 도구이지만, 나와 함께 일하는 동료를 이해하는 시간을 통해서 일을 더 즐겁게, 잘할 수 있는 방식을 찾을 수도 있기 때문이다. 실제로 2007년부터 ① 리더의 성향에 따른 팔로어의 행동 ② 팔로어의 성향에 따른 다양한 리더십의 변화 ③ 팀의 일하는 방식의 변화라는 세 가지 관점에서 MBTI를 HR에 사용해왔다.

그리고 그때서야 '도대체 왜 그런지 모르겠어요'라고 말하는 사람들은 어느 조직에나 있다는 것을 처음 알게 되었던 것 같다. 리더의 행동을 보며 팀원들이 '도대체 우리 팀장님은 왜 그러신 데요?'라고 하기도 하고, 팀원들을 바라보며 리더가 '왜 쉬운 방법을 두고, 그렇게 일할까요?'라며 서로 이해하지 못하는 모습을 자주 봤다.

그럼 리더와 팔로어 중 누가 먼저 맞춰야 할까? 나는 순서보다는 세 가지 방향성에 대해 먼저 생각해 봤으면 좋겠다.

① 나의 특징을 이해해 보자(내가 선호하는 행동과 비선호하는 행동).
② 동료의 특징에 대해 이해해 보자(나와 비슷한 부분과 다른 부분).
③ 팀의 목표를 달성하기 위해 더 나은 일하는 방식을 만들어 보자(서로가 합의하고 동의하는 프로세스).

그래서 이 장에서 내가 직접 겪은 현장에서 있었던 다양한 사례들을 소개하려고 노력했다. 물론 일부 사례이고 내 관점이 많이 포함된 부분이라 정답이 될 수는 없지만, 참고하여 '내 동료는 이런 특징이 있구나' '우리 팀이 더 나은 방식으로 일하기 위해서는 무엇을 적용해 볼 수 있을까?'라는 변화의 단초를 찾아볼 수 있을 것이다. 의미있는 것은 업무상 이런 배려의 행동이 팀워크를 만들고, 공동의 목표를 이루는 데 도움이 된다는 것이다.

# MBTI 궁합의 진실

흔히 MBTI를 어떤 사람의 행동과 성격을 단정 짓는 도구로 활용한다. 예를 들어, 가장 많이 이슈화된 MBTI 콘텐츠 중 하나가 바로 'MBTI 궁합표'다. 이 그림은 MBTI 유형별로 궁합이 좋은지 나쁜지를 다섯 가지 단계로 구분해준다.

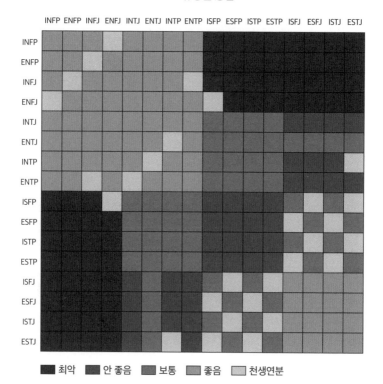

MBTI 유형별 궁합

실제 기업에서 워크숍을 할 때면 이와 비슷한 이미지를 보여주며 이게 진짜인지를 물어보는 사람들이 많았다. 그럴 때마다 내가 하는 이야기는 '이걸 만든 분을 찾아가서 3박 4일 동안 MBTI를 가르쳐 주고 싶어요'다.

세상에 MBTI로 나와 맞는 사람과 맞지 않는 사람을 구분할 수는 없다. '가능성이 높지 않아요?'라고 물어본다면 그 또한 '모른다'이다. 예를 들어, ISTJ와 ENFP는 이 도표에 따르면 최악의 궁합이다. 그런데 내 주변에 있는 ISTJ들만 봐도 가장 친하고 편하다고 생각하는 사람들 중에 ENFP가 참 많다고 한다. 이유는 무엇일까? 그것은 유형이 사람들과의 관계를 구분해 주는 것이 아니라, 내가 상대방에게 어떻게 행동하는가가 그 사람과의 관계를 형성해 주기 때문이다.

예를 들어, 계획적으로 일하는 것을 좋아하는 ISTJ가 새로운 아이디어를 자주 이야기하며 일하는 방식에 변화를 주고 싶어 하는 ENFP를 불편하게 여길 수도 있지만, 자신에게 없는 창의성 때문에 그와 함께 일하는 것을 좋아할 수도 있다. 이 부분은 확률 게임이 아니라 내가 나와 다른 상대방을 어떤 관점에서 바라보느냐에 따라 달라지는 부분이다. 상대방의 행동을 긍정적으로 볼 수도 있고 부정적으로 볼 수도 있기 때문이다. 중요한 것은 나와 함께 일하는 동료가 어떤 유형인지를 아는 것이 아니라, 내가 편하거나 불편하게 여기는 행동과 일하는 방식, 나와 함께 일하는 동료들의 행동과 일하는 방식의 차이를 구별해서 바라보고 서로를 위해 함께 배려하는 마음이라고 생각한다.

누누이 말하지만 MBTI에서는 그 누구도 정답을 이야기할 수 없다. 내가 예시로 든 내용 또한 각각의 기능별로 보이는 일반적인 행동들을 이야기할 뿐이며 '나는 외향형이지만, 그렇게 행동하지 않아'라고 생각할 수도 있다는 것을 염두에 두자. 예를 들어, 외향형이라고 해서 모두 말하고 대화하는 것을 좋아하는 것은 아니고, 내향형이라고 해서 여러 명과 함께 있는 것을 불편하게 여기는 것은 아니라는 의미다. 기능과 유형은 그저 참고로 설명을 하는 부분이니, 나의 행동에 좀 더 초점을 맞춰서 생각하면 좋겠다.

# 리더의 MBTI를 알면
# 행동이 보인다

'MBTI를 보면 리더십을 알 수 있나요?'라는 질문을 종종 받곤한다. 이에 대해 나는 '어느 정도 상관관계가 있기는 하지만, 반드시 맞다고 할 수는 없어요. 사람마다 내 유형에 따라 동일하게 생각하는 것은 아니거든요'라고 답변한다. 필자 또한 ISTJ 유형을 가지고 있지만, 반드시 그렇게 행동하는 것은 아니다. 대화하는 것을 편하게 생각하고, 계획한 부분에서 일정이나 내용이 수정되더라도 크게 스트레스를 받지 않는 편이기도 하고, 주변 사람들에게 '공감해 주셔서 감사해요'라는 인사를 자주 듣기도 하기 때문이다. 그렇다고 또 내가 ISTJ처럼 행동하지 않는 것도 아니다.

계획하고 계획대로 실행하는 것을 여전히 좋아하고 편하게 생각하고, 다른 사람들에게 공감하기보다는 판단하고 평가하는 것을 더 편하게 생각한다. 다만 반대의 행동에도 이제는 익숙해졌으며, 이는 인식과 인지, 그리고 비선호 영역을 의식적으로 훈련하면서 쌓은 결과다.

그럼에도 리더의 MBTI를 알면 높은 확률로 리더의 행동을 예측할 수 있다. 어떻게 소통하는 것을 좋아하는지, 어떤 의사결정을 주로 하는지, 어떤 리스크가 있는지, 일을 할 때 중요하게 여기는 키워드가 무엇인지 등을 어느 정도 알 수 있다는 것이다. 그렇게 되면 우리는 조금 다른 관점에서 리더와 대화하고 일을 할 수 있게 된다.

## 리더십이란 무엇인가

MBTI에 따른 탁월한 리더십을 구분할 때 가장 중요한 것은 우리 조직에서 리더의 역할과 탁월한 리더의 리더십을 어떻게 정의하고 있는가다. 리더의 역할이 '성과를 만드는 것'일 수도 있고, '구성원들을 성장하고 성공하도록 돕는 것'일 수도 있고, 또는 '세계 최고의 기술을 만드는 것' '일하는 좋은 관계와 문화'를 만드는 것 등 다양하기 때문이다. 탁월한 리더는 MBTI에 따라 달라지지 않는다. 그리고 우리 회사에서 탁월한 리더로 인정받았다 하더라도 다른 회사에서 동일한 평가를 받지 못하는 이유가 바로 '각 회사마다 리더의 역할'을 다르게 규정해 놓고 있기 때문이다. 그래서 우리가 알아야 하는 첫 번째는 바로 '회사에서 원하는 리더의 역할과 탁월한 리더십 스타일'이다.

두 번째로 알아야 하는 것은 '리더인 나의 특징'이다. 만약 내가 리더라면 나의 특징을, 또는 팔로어라면 내 리더의 특징을 MBTI라는 도구로 이해해 보는 것이 도움이 된다. 16가지 MBTI 유형에 따라 리더십을 이해하는 것도 방법이다. 예를 들어 16가지 유형 중 ISTJ에 대해 알아보자.

ISTJ 유형의 리더는 가장 책임감이 강한 리더 중 한 명이다. 자신에게 주어진 역할을 완수하려는 스타일이기 때문에 ISTJ 유형의 리더를 움직이는 가장 좋은 방법은 '약속'을 하거나 '목표를 구체적으로 합의'하는 것이다. 대신에 ISTJ 유형의 리더가 유의해야 할 점이 있다. 그것은 바로 '내가 알고 있는 지식과 경험이 정답'이라는 생각을 버리는 것인데, ISTJ 리더들이 자주 하는 표현 중에 '해봤어?' '전에 이거 해봤을 때 실패했었잖아'라는 표현이다.

대신 ISTJ 유형의 리더들이 가장 크게 성장하는 시점이 있는데, 그때는 내가 해보지 않았던 새로운 목표 또는 높은 목표에 도전하는 것이다. 과거 내가 해왔던 일하는 방식을 잘 바꾸지 않는 유형이지만, 반대로 새로운 방법을 학습하면 빠르게 현재의 업무에 적용할 줄 아는 유형이기 때문이다. 그래서 새로운 지식과 경험을 학습할 수밖에 없는 환경을 만드는 것이 중요하다. 그중 가장 좋은 방법 중 한 가지가 바로 '높은 목표와 새로운 목표'를 부여하는 것이다. 이때 ISTJ가 학습을 시작하기 때문이다.

ISTJ 리더에게 한 가지 추가로 제안하고 싶은 부분은 '인정과 칭찬을 조금 자주 해줬으면 좋겠다'는 것이다. 목표에 대한 기준이 높고 책임감이 강한 유형이다 보니 '그 정도 하는 건 당연한 거 아닌가?'라는 생각을 자주 한다. 그러다 보니 ISTJ 유형의 리더와 함께 일하는 팀원들은 인정과 칭찬을 받는 경우가 매우 적다. 인정과 칭찬의 기준이 ISTJ 리더가 되면 안 되고, 팀원 기준으로 '전보다 성장하고 성공했나? 노력한 부분은 무엇인가?'에 초점을 맞춰 주면 팀원들의 동기에도 긍정적인 영향을 준다.

## ISTJ 리더의 특징

| 구분 | 강점 | 개선하면 좋은 점 |
|---|---|---|
| 중요하게 여기는 키워드 | 목표 달성, 기한 준수, 책임, 경험 | 변화, 도전, 새로운 학습, 물어보기 |
| 목표 설정 | 달성 가능한 목표 설정 | 기존에 내가 해보지 않았던 높거나 새로운 목표를 설정하는 훈련 |
| 계획 | • 과거 경험, 자료와 사례를 바탕으로 한 구체적인 계획<br>• 구체적으로 실행할 수 있는 프로세스와 단계를 설정 | 계획에서 벗어나는 변수가 발생했을 때 혼자 스트레스를 받기보다 대안을 동료들과 함께 고민하기 |
| 실행 | 자신에게 맡겨진 과업을 기한에 맞춰 명확하게 수행 | • 주변 동료들의 과업에도 관심을 가지며 내가 도와줄 수 있는 부분을 체크하고 지원<br>• 모르는 부분은 혼자서 학습하기보다 주변에 잘 아는, 잘하는 팀원들에게 물어보며 진행하기 |
| 의사결정 기준 | 기준과 원칙에 맞는가? | 내가 해보지 않았던 것이라도 위임하고, 도전해 보는 의사결정 |
| 평가 | 목표를 달성했는가? | • 결과뿐 아니라 과정에서의 변화에도 관심을 가지고 성장한 부분을 함께 평가<br>• 특히 팀원이 과거보다 성장했다고 판단되는 부분을 적극적으로 인정, 칭찬 |

# MBTI 사분할로 보는
# 리더십 특징

앞에서 설명한 ISTJ 리더처럼 실제 16가지 유형을 구분해서 리더의 특징을 정의하고, 적용점을 찾는 것은 전문가에게도 오랜 시간 대화와 관찰이 필요한 영역이다. 글로 배우는 것은 더 어려운 영역이기도 하고, 오해가 생기기도 한다. 그래서 리더십의 16가지 유형을 이번 책에서 다루지는 않고, 조금 더 효용성이 있는 기질에 따른 리더의 특징을 이야기해 보려고 한다.

이때 유용한 것이 MBTI 사분할이다. MBTI 사분할은 에너지의 방향을 알려 주는 외향형(E)과 내향형(I), 정보를 습득하는 방법을 알려 주는 감각형(S)과 직관형(N)의 조합으로 구분한 네 가

MBTI 사분할

| | | | |
|---|---|---|---|
| ISTJ | ISFJ | INFJ | INTJ |
| IS | | IN | |
| ISTP | ISFP | INFP | INTP |
| ESTP | ESFP | ENFP | ENTP |
| ES | | EN | |
| ESTJ | ESFJ | ENFJ | ENTJ |

지 유형을 의미한다. 내가 어디에 해당하는지, 내 리더가 어디에 해당하는지를 확인해 보면 조금은 더 서로를 이해하는 시간이 될 것이다.

## IS 유형: 사려 깊은 현실주의자

IS(ISTJ, ISTP, ISFJ, ISFP)의 경우 한국 어세스타에서 발행한 'MBTI Form M 매뉴얼'의 한국 표준화 표본 기준에 따르면, 우리나라 인구의 약 34퍼센트가 해당한다고 한다. IS 리더들의 공통적인 특징은 '꼼꼼하게 관리하는' 것이고, '과거에 리더가 경험해 봤던 방식을 선호한다'는 것이다. 실제 IS 리더의 사례를 통해 어떤 특징을 보이고 어떻게 약점을 보완했는지 살펴보자.

## IS 유형의 특징

| 리더십 스타일 | 다른 유형이 바라보는 단점 |
|---|---|
| ① 규칙적이고 계획적으로 일할 수 있는 업무 스타일을 선호 | ① 의사결정을 하기까지 시간이 조금 오래 걸리기도 함. 특히 새로운 목표나 방법에 대해서 의사결정을 할 때는 미룰 수 있을 때까지 미루고, '잘 모르겠다'고 의사결정을 포기하기도 함 |
| ② 기준과 원칙, 절차를 준수하는 것을 중요하게 여김 | |
| ③ 이미 실행해 본 검증된 절차와 방법으로 과업을 수행하고, 문제를 해결하고자 함 | ② 세부사항을 너무 구체적으로 공유하면서 주도권을 잃어버리기도 함 |
| ④ 업무를 시작하기 전 준비를 철저히 하고 계획을 꼼꼼하게 세우는 편이고, 글로 공유하는 것을 편하게 여김 | ③ 계획을 세우는 데 시간을 많이 사용해서 업무 실행 속도가 느려지기도 함 |
| ⑤ 현실적으로 가능한 목표에 도전 | ④ 리더가 자신의 생각을 잘 표현하지 않음 |
| | ⑤ 글로 소통하다 보니 소통 시간이 오래 걸리기도 함 |

### 1. 혼자 고민하는 ISTP 리더의 사례

ISTP가 리더인 팀과 MBTI 워크숍을 진행할 기회가 있었는데, 마침 ISTP 리더는 팀의 새로운 목표와 전략을 세우는 과업을 수행하고 있었다. 이때 워크숍에서 구성원들은 자신들이 느낀 리더의 특징을 설명하면서 '너무 혼자서 고민을 한다. 함께 고민을 해도 좋을 것 같다'는 피드백을 전했다.

ISTP 리더는 팀원들에게 불편한 상황을 조성하고 업무 시간을 빼앗고 싶지 않아서 혼자서 고민을 했던 것이었는데, 팀원들은 오히려 더 많은 소통을 원하고 있었던 것이다. 그래서 이 팀은 '매주 주간 회의 때 리더 또는 팀원 모두가 함께 고민하고 싶은 주제가 있으면 그 주제에 대해 20분 동안 서로의 생각을 공유하는 아이디어 및 관점 공유 시간'을 갖게 되었다.

### 2. 자신의 경험을 중시하는 ISTJ 리더의 사례

한 ISTJ 리더 역시 MBTI 워크숍에서 '팀원들로부터 구체적인 피드백과 사례를 공유해 주시는 것은 도움이 되었고 감사하지만 너무 리더의 경험 중심으로 의사결정이 되기 때문에 새로운 방식으로 도전을 하지 못한다'라는 긍정과 부정 피드백을 받았다. 그후 ISTJ 리더는 '전에 내가 해봤는데…'라는 말을 사용하지 않도록 노력하고, 새롭게 업무 방식을 바꾸고 싶을 때는 ISTJ 팀장이 아니라 ENTP 파트장이 주도적으로 시간을 사용하는 것으로 바꾸게 되었다.

## IN: 사려 깊은 개혁가

IN(INTJ, INTP, INFJ, INFP)의 경우 MBTI Form M 한국 표준화 표본 기준에 따르면, 우리나라 인구의 약 20퍼센트가 해당한다고 한다. IN 리더들의 공통적인 특징은 '전략적으로 생각하고 계획하는' 것이고, '틀에 얽매이지 않는 자유로움을 선호한다'는 것이다. 실제 두 가지 사례를 보자.

## IN 유형의 특징

| 리더십 스타일 | 다른 유형이 바라보는 단점 |
|---|---|
| ① 새로운 아이디어를 생산하고 실험하려고 함 | ① 간단한 일을 복잡하게 만들어서 의사결정과 실행이 지연되기도 함 |
| ② 근무 시간과 장소가 자유로운 것을 더 선호 | ② 생각이 너무 많고, 혼자 고민하는 시간이 많아서 실행에 차질을 주기도 함 |
| ③ 생각하고, 자료를 읽으면서 더 깊은 사고의 시간을 갖는 것을 선호 | ③ 어떤 생각을 하는지 예측하기 어렵고, 숨은 의도를 한 번 더 생각하게 하기도 함 |
| ④ 이론과 개념에 충실한 전략과 아이디어를 선호 | ④ 연구와 이론적 개념을 너무 중요하게 여기기도 함 |
| ⑤ 유용한 시스템, 툴, 도구 등을 개발하거나 사용 | ⑤ 일이 마무리되지 않는 상황이 자주 발생 |

### 1. 학구열이 높은 INTJ 리더의 사례

학문적으로 깊이 있는 공부하기를 좋아하는 한 INTJ 리더는 박사와 교수 또는 각 분야의 최고 고수들이 지인으로 포진되어 있었다. 그 리더가 깊이 있는 토론과 학문적인 개념을 통해 비즈니스를 버전업하려고 노력했기 때문이다.

그런데 INTJ 리더와 대화를 나누는 구성원들은 조금 버거움을 느꼈다. 리더가 질문을 할 때마다 질문이 너무 어렵기도 하고, 참고 자료들도 영어 원서나 해외 자료 또는 연구 논문들이 많아서다. 또 INTJ 리더들은 상당수가 한 분야의 전문가이자 실무자로 근무했던 경험이 있어서 실무적인 부분에서도 대화를 나누기가 어려웠다.

워크숍을 하며 INTJ의 성향과 일하는 방식을 구성원들과 공유하고 나서 달라진 부분은 '학습하는 방법'이었다. 전에는 리더 혼자서 전문가들을 만나고 다녔다면 지금은 리더와 구성원들이 함께 고수들을 만나며 학습하고, 각자가 배운 것과 학습 자료들을 공유하면서 관점을 확장하는 형태로 일하는 모습을 바꿨다. 학습하는 문화로 바꾼 것이다.

## 2. 쓴소리가 어려운 INFP 리더의 사례

착하고 좋은 리더로 인정받고 있었던 한 INFP 리더는 성과적인 측면에서도 성공적인 커리어를 쌓고 있었다. INFP 리더는 어느 날 MBTI 워크숍을 끝내고 구성원들에게 반년간의 성과와 리더십을 피드백받는 공식적인 시간을 가졌다. 그후 그 리더가 내게 1 ON 1 코칭을 요청했다.

피드백을 들으니 자신이 좋은 리더가 맞는지에 대한 고민이 생겼다는 것이다. 지금까지 성공적인 성과를 만들어 냈고, 회사와 구성원들로부터 인정을 받고 있었는데, 이번 리더십 평가에서 성과와 배려, 좋은 리더라는 칭찬도 많았지만 리더십의 부족함을 지적하는 피드백도 많았기 때문이다. '조금 더 쓴소리를 해줬으면 좋겠다' '잘해 주는 것도 좋지만, 아닌 건 아니라고 이야기해 줬으면 좋겠다' '어떤 생각을 하는지 잘 모르겠다. 어떤 이야기든지 자주 소통을 해주면 좋겠다'와 같은 피드백이었다.

나는 INFP 리더와 1 ON 1 대화를 나누며 지금까지 잘하고 있는 부분에 대한 인정과 칭찬을 충분히 전달한 후, '좋은 리더'와 '탁월한 리더'에 대한 INFP 리더의 생각을 함께 정리하는 시간을 가졌다.

그리고 '브랜드를 성공시키고, 함께하는 사람들이 즐겁게 성장할 수 있는 팀을 만든다'는 목표를 세웠다. 이 관점에서 INFP 리더가 가지고 있는 단점인 쓴소리와 솔직한 피드백을 하지 못하는 부분을 개선하기 위한 활동을 시작했다. 팀원들과 1개월에 한 번씩 정기적인 1 ON 1을 가지고, 이때 다음과 같은 세 가지 질문을 하면서 팀원들과 인정/칭찬, 피드백, 피드포워드의 대화를 나누는 일정을 고정한 것이다.

① 지난 한 달 동안 자랑하고 싶은 것 두 가지는?(인정/칭찬)
② 1개월 전으로 돌아가면 다시 하고 싶은 것은?(피드백)
③ 다음 달에 집중해서 이루고 싶은 성과와 학습하고 싶은 역량과 지식은?(피드포워드)

팀원들에게 사전에 이 질문들을 공유하고, 충분히 질문에 대해 생각할 수 있는 시간을 먼저 줬다. 1 ON 1 진행도 팀원들이 사전 질문에 대한 자신의 의견을 먼저 말하면 여기에 INFP 리더가 자신의 의견을 한두 가지 덧붙이는 방식이라 자연스럽게 INFP 리더의 솔직한 쓴소리를 전할 수 있었다. 그리고 한 달에 한 번씩 질문을 통한 대화 시간이 고정되었기 때문에 INFP 리더도 임의로 일정을 회피할 수 없었다. 팀원들도 스스로 자신의 과업을 회고하면서 리더를 통해 인정받는 시간을 가지게 되는 긍정적 효과가 있었다.

## ES: 행동 지향적인 현실주의자

ES(ESTJ, ESTP, ESFJ, ESFP)의 경우 MBTI Form M 한국 표준화 표본 기준에 따르면, 우리나라 인구의 약 27퍼센트가 해당한다고 한다. ES 리더들의 공통적인 특징은 '신속하게 의사결정'을 하고, '빠르게 실행하면서 다시 계획을 수정'하는 것이다.

ES 리더는 대기업과 제조업에서 가장 많이 볼 수 있는 유형이다. 실제 한 대기업의 CEO 41명을 분석해 보니 46퍼센트가 ES에 해당한다는 것을 알 수 있었다. 특히 ESTJ 유형이 41퍼센트였고, 그 뒤를 이어 ISTJ와 ENTJ가 각각 20퍼센트를 차지하고 있었다. 이처럼 조직에서 가장 많은 ES 리더십의 특징을 이해한다면 그 기업이 추구하는 리더십과 조직문화를 더 잘 이해할 수 있을 것이다.

**ES 유형의 특징**

| 리더십 스타일 | 다른 유형이 바라보는 단점 |
|---|---|
| ① 빠르게 의사결정을 하고, 빠르게 실행하는 것을 선호(속전속결) | ① 너무 성급하게 의사결정을 하고, 갑작스럽게 수정하기도 함 |
| ② 규칙적이고 예측 가능한 방식으로 일하는 환경 선호 | ② 다른 사람들의 의견보다 자신의 의견을 더 반영하려고 함 |
| ③ 행동을 바로 할 수 있게끔 구체적이고 실용적인 소통 | ③ 현실적인 이슈를 해결하기 위해 새로운 아이디어보다 과거에 했던 방식을 선호 |
| ④ 구성원들 간의 소통과 대화에 적극적이고 좋아하는 편 | ④ 지나치게 디테일한 부분을 체크하면서 속도와 주도권을 포기하게 만들기도 함 |
| ⑤ 조직 관점에서 의사결정을 하고, 조직의 리소스를 최대한 활용하려고 하는 편 | ⑤ 현재의 목표를 중요하게 여기며 미래 비전과 미션, 다음 성장 엔진을 등한시하기도 함 |

## 1. 목표 달성과 효율 중심의 ESTJ 리더의 사례

ESTJ 리더는 조직에서 가장 선호하는 리더의 모습을 가지고 있다. 주어진 목표를 달성하는 데 최적의 사고와 행동을 하는 특징이 있기 때문이다. 반대로 일과 목표 중심으로 리더십을 활용하다 보니, 구성원들에 대한 관계와 공감력이 부족하다는 피드백을 종종 받기도 한다.

한 ESTJ 리더도 구성원들에게 동일한 피드백을 받았는데, '너무 바빠서 이야기할 시간이 없어요. 도움이 필요할 때면 항상 자리에 없어요' '회의만 하지 말고, 실제 일을 하는 데 발생하는 장애물을 걷어내 주는 역할을 해주세요' '우리 팀보다 다른 팀에게 더 관심이 있는 것 같아요.' '너무 일 중심으로 의사결정을 해요. 힘들어하는 팀원들을 조금 배려해 주는 결정도 필요해요' 등이었다.

그런데 ESTJ 리더는 이런 피드백이 왜 나오는지 모르겠다는 반응을 보였다. 회사를 다니는 한 목표와 성과 중심으로 일하는 것이 당연하지 않냐는 것이다. 그래서 나는 ESTJ 리더에게 이런 질문을 던졌다. '일과 목표만 바라보고 일로만 접근하는 A 리더가 있어요. 그리고 내가 일을 잘하고 있는지, 내가 요즘 힘들어하는 부분은 없는지, 내가 요즘 어떤 고민을 하고 내게 어떤 장애물이 있어서 어려움을 겪고 있는지에 대해 관심을 가지고 물어봐 주고, 그 장애물들을 제거하기 위해 함께 고민해 주는 B 리더가 있어요. 팀원은 A와 B 중 누구의 말을 더 듣고, 누구와 함께 일하고 싶어 할까요? 그리고 누구 아래 있는 팀원이 더 열심히 일하려고 할까요?'

일과 목표는 중요하다. 하지만 일을 더 잘하기 위해 서로를 이해하는 깊은 관계를 맺는 것도 리더에게는 선택지로 제공되기도 한다. ESTJ 리더는 B 리더가 더 크고 강력한 리더십을 발휘한다고 인정했고, 자신의 부족한 부분을 개선하기로 다짐을 했다.

비슷하게 ESTP 리더를 코칭했을 때도 ESTJ 리더와 같은 고민을 하고 있었다. 마찬가지로 동일한 질문에 같은 답변을 하는 것을 보며 이 리더도 빠르게 변화하겠구나라는 생각을 했고, 실제로도 리더의 변화를 통해 팀워크가 향상되었다고 한다.

## 2. 사교성이 좋은 ESFJ 리더의 사례

ESFJ 리더는 강력한 사교성을 가지고 있다. 그래서 수많은 사람과 대화를 나누고 커피챗을 하고, 매일 다른 사람들과 식사를 하면서 관계를 넓혀 가고 있다. 그리고 그들의 고민과 장애물을 제거해 주는 역할을 담당한다.

그런데 약점이 하나 있었다. 대화를 할 때 팀원의 이야기를 들어주는 것이 아니라, 자신의 이야기를 많이 했다. 사람들은 ESFJ 리더와 대화하고 함께 식사하는 것을 좋아했지만 결론적으로 기억에 남는 것은 ESFJ 리더가 했던 이야기들이었다. 팀원을 위한 대화 시간이 아니라 사교 시간으로만 활용되었던 것이다.

내가 코칭했던 또 다른 ESFJ 리더도 같은 약점을 가지고 있었는데, 업무에 전문성과 경력이 아주 뛰어나지 않았다. 그래서 이 피드백을 듣고, ESFJ 리더는 자신이 잘할 수 있는 행동을 하기 시작했다. 그것은 바로 '매칭'이었다. 사람들을 만나 어려운 부분과 장애물에 대한 이야기를 들으면 자신의 네트워크를 동원해 그 문제를 잘 해결할 수 있는 사람을 찾아 소개시켜 주고 만남을 주선해 주는 것이다. 이 과정을 통해 함께 학습하고 성장하는 시간으로 팀원들에게 도움을 주었다.

MBTI 워크숍을 하다 보면 무조건 약점을 보완해야 하냐는 질문을 받기도 하는데 나는 그 또한 선택이라고 이야기한다. ESFJ 리더처럼 내가 가진 강점을 더 극대화하는 방식으로 리더십을 사용할 수도 있고, ESTJ 리더처럼 자신의 약점을 보완하는 형태로 리더십을 사용할 수도 있다.

단지 우리가 인지해야 하는 것은 '같은 시간을 사용할 때 강점에 투자하는 것이 약점에 투자하는 것보다 성과에 더 큰 영향을 끼친다'는 것이고, '약점은 리스크가 되지 않을 정도로 보완해도 충분하다'는 것이다. 어떤 것을 선택하든 그것은 내 목적에 달려 있다고 생각한다.


## EN: 행동 지향적인 개혁가

EN(ENTJ, ENTP, ENFJ, ENFP)의 경우 MBTI Form M 한국 표준화 표본 기준에 따르면, 우리나라 인구의 약 19퍼센트가 해당한다고 한다. EN 리더들의 공통적인 특징은 '기존과는 다른 도전, 혁신, 개발'이고, '기존과는 다르게 변화하자'는 것이다.

우리나라 전체 인구에서 약 19퍼센트를 차지하지만 스타트업 CEO 122명 중 63퍼센트에 해당하는 인원이 모여 있는 구간이기도 하다. 그래서 스타트업을 이해하기 위해서는 EN 리더의 특징을 이해하는 게 도움이 된다.

## EN 유형의 특징

| 리더십 스타일 | 다른 유형이 바라보는 단점 |
| --- | --- |
| ① 도전하고 모험을 적극적으로 권장하는 목표 설정<br>② 격려와 칭찬을 잘 표현하며 동기부여하는 리더십<br>③ 비전과 미션을 중요하게 여기며 더 높이, 더 멀리 볼 수 있는 미래를 설계<br>④ 호기심이 많아 자신이 잘 모르는 부분에 대해서는 학습하고 물어보는 등 배우려는 자세를 보여 주는 태도<br>⑤ 다른 사람들이 보지 못하는 통찰력과 통솔력을 보여 주며 연설과 대화를 자주 진행 | ① 새로운 관점을 선호하다 보니 기존의 일하는 방식을 지켜가는 구성원들에게 소외감을 전달하기도 함(새롭게 진행하는 비즈니스와 방식에만 집중하고 관심 가짐)<br>② 디테일에 신경을 쓰지 않고, 자신이 호기심을 가진 분야 외에는 놓치는 것들이 많음<br>③ 이야기를 경청하기보다 자신의 이야기를 많이 이야기하려고 함<br>④ 실행으로 연결되기보다는 말로 끝나고 잊혀지는 의사결정이 많은 편(나중에 구성원들은 혁신에 방관적인 태도를 보이기도 함)<br>⑤ 역사적, 전통적, 현실적, 실리적인 생각과 과업에 대한 존중이 부족하다고 느껴지기도 함 |

## 1. 높은 목표를 제안하는 ENTP 리더의 사례

ENTP 리더가 가지고 있는 가장 큰 강점은 '큰 비전과 변화에 능동적으로 대처하는 유연함'이다. 큰 비전에 도전하는 사람들은 기본적으로 뛰어난 학습력이 있다. 그래서 여기저기 사람들을 찾아다니며 묻고 배우려고 한다. 그래서 전문성이 없는 분야에도 도전하고 비즈니스를 시작한다. 실패했을 때 회복력도 빠른 편인데, 실패를 실패로 보지 않고 다음 성장을 위한 학습으로 보기 때문이다. 이런 ENTP와 함께하는 구성원들은 빠르게 성장하고 변화하는 조직의 모습을 경험하면서 함께 성장하고 성공을 경험해 볼 수 있다는 장점이 있다. 반대로 그 빠른 속도에 적응하고 함께 빠르게 학습하고, 변화하는 시간을 가져야 한다는 불편함도 있다.

한 ENTP 리더가 자신들의 팀원들과 소통이 어려운 점을 이야기한 적이 있었다. 당시 해당 구성원들 대부분이 IN이었는데, EN 리더가 제안하는 높은 목표, 지속해서 변화하는 일하는 방식 등에 불편함을 느끼고 있었고 어떤 구성원은 두려워하기까지 했었다. MBTI 워크숍을 하면서 이 ENTP 리더는 자신의 성향을 있는 그대로 노출할 수 있었다. 단지 화를 내는 것이 아니라 자신이 중요하게 여기는 건 '도전, 학습, 성장'이라는 세 가지 키워드였고, 이 키워드에 맞게 행동하려고 노력했다는 것이다. 구성원들도 ENTP 리더의 키워드에 대해 많은 부분 동의해 주었다. 회사가 원하는 방향성과 도전과 성장이라는 키워드에 얼라인되어 있었기 때문이다.

그리고 나서 진행한 것이 '팀 자체 세미나'였다. 조직의 IN 구성원들이 깊이 있는 학습을 통해 성장하면 다른 방식으로 일할 수 있는 아이디어가 많이 나올 수 있다는 전제에서였고, 이 과정에서 7명이 각자 하나의 브랜드를 설정하고 그 브랜드의 특징, 히스토리, 강점과 약점, 우리 브랜드에 적용할 수 있는 제안 등을 찾아 내부 구성원들에게 발표를 하는 형태였다. ENTP 리더가 원하는 '도전, 학습, 성장'이라는 키워드와 IN 구성원들이 많은 조직이 성장하는 '깊이 있는 개인 학습'과 '그 결과물과 과정을 공유하는 세미나'를 통해 구성원 모두의 성장을 도모하는 방식이었다.

## 2. 실행을 놓치는 ENFP 리더의 사례

ENFP 리더 중에 재미있는 분이 있었다. 자신의 강점과 약점을 명확하게 알고 있었는데 호기심이 많고, 다른 사람들을 도와주는 걸 좋아하고 아이디어를 제공해 주는 것이 강점이었고, 약점은 관심이 없는 분야에는 아는 게 아무것도 없었고 특히 시간 약속이나 스케줄을 잘 지키지 못한다는 것이었다.

담당자로 근무할 때는 그 약점이 크게 문제되지 않았지만 리더가 된 이후로는 팀에 리스크가 되어가고 있었는데 결재가 늦어지거나, 주요 의사결정 과정에서 놓치는 부분이 있거나, 오늘 꼭 해야 할 일을 잊어버리는 경우가 종종 발생했다. 리더의 실수가 구성원들에게까지 영향을 미치게 되었는데, 다행히 팀원들은 ENFP 리더와 함께 일하는 것을 좋아하고 있었다. 분위기를 언제나 즐겁게 해주고, 한 사람 한 사람에게 관심을 가지고 그 관심을 표현해 주는 리더였다.

그래서 워크숍을 통해 ENFP 리더의 약점을 보완하는 방법을 하나 고안하였다. 그것은 바로 '스케줄 보드판'이었다. 리더의 자리 바로 옆에 화이트보드를 설치하고, 그곳에 주간 일정표를 부착, 각 팀원들이 자신의 과업이나 팀을 위해 리더가 꼭 해야 할 부분을 기록해 두는 것이다. 지나가는 많은 팀원이 자신의 일이 아니더라도 보드판에 부착되어 있는 메모를 보며 '팀장님! 오늘 오전까지 ○○을 하셔야 한다고 되어 있는데, 잊지 않으셨죠?'라며 알람을 넣어 주는 것으로 합의를 했다. 리더가 자신의 약점을 있는 그대로 노출하고, 팀원들도 그 약점을 어떻게 도와줄 수 있을까를 고민하는 이 팀은 만날 때마다 즐겁게 소통하며 일을 하는 모습을 보여주고 있다.

# 팀에도
# MBTI 성향이 있다

간단하게 생각해 봐도 CEO의 성격이나 가치관은 회사의 문화와 일하는 방식에 영향을 준다. 우리는 그것을 '조직문화'라고 부른다. 그런데 CEO뿐만 아니라 주변 임원진이나 리더들의 성격, 가치관 역시 CEO만큼은 아니겠지만 회사의 조직문화에 영향을 준다.

한 스타트업이 있었는데, CEO는 ENTP로 '새롭고 높은 목표에 도전하고, 이 과정에서 새로운 학습, 새롭게 일하는 방식, 새로운 전략을 실행하는 것'을 좋아했다. 그래서 구성원들에게도 동일하게 도전하고, 자유롭게 시도하고, 실패를 경험하도록 독려했다. 그리고 그 방법으로 빠르게 성장할 수 있었다. 어느 정도 규모가 성장한 후 두 명의 임원을 영입했는데, 그들은 ENTJ와 ESTJ였다. 문제는 고정 마인드셋(Fixed Mindset)을 가진 리더였다는 것이다. 성장 마인드셋(Growth Mindset)을 가진 ENTJ와 ESTJ 리더였다면 구성원들의 다름을 존중하며 서로의 지식과 경험을 활용했겠지만, 두 명의 리더는 자신이 알고 있는 지식과 방법으로만 조직을 운영하려고 했었다. 주도적이고 도전적인 CEO와 자신의 방법으로만 의사결정을 하려고 하는 두 명의 임원이 만난 후 회사는 어떻게 변했을까? 조직에서는 솔직하게 자신의 의견을 이야기하는 심리적 안전감이 사라졌고, 두 임원과 회의를 할 때면 대부분의 구성원이 질문에 답하는 것 외에는 자신의 생각을 이야기하지 않게 되었다.

반대의 경우도 있다. ENTP CEO와 ISTJ 임원이 있었던 스타트업이었는데, 두 리더는 모두 성장 마인드셋을 중요하게 여겼고, 서로 다름을 인정하면서 서로 다른 생각을 대화로 소통하며 더 나은 답을 찾으려고 노력했다. 도전적인 목표와 전략을 CEO가 제안하면 그 목표와 전략을 실행할 수 있는 리소스를 확인하고, 현실적으로 할 수 있는 방법들을 ISTJ 임원이 고민하는 것이다. 이들은 수시로 서로에게 의견을 물어보며 '내가 생각하지 못했던 관점'을 찾는 시간을 가졌다.

이처럼 회사의 문화를 볼 때, CEO와 주요 임원의 MBTI와 마인드셋의 구성을 참고해서 보면 어느 정도 조직문화를 유추해 볼 수 있다. 팀 단위로 볼 때도 팀장과 전체 팀원의 MBTI와 마인드셋 구성을 보면 마찬가지로 팀 문화를 유추할 수 있다. 유의해야 할 점은 MBTI 결과로만 보면 잘못된 편견이 생길 수도 있다는 것이다. 그래서 다음과 같이 시도해 보면 좋을 것 같다.

① MBTI Form Q 진단을 통해 개인별 행동 특징을 진단, 공유한다.
② 우리 팀에 많은 유형을 숫자로 확인해 보고, 리더의 MBTI를 파악한다.
③ 우선 수가 많은 유형과 리더의 MBTI 강점과 약점을 기록하고, 실제 일을 하면서 어떤 상황에서 어떤 행동들이 반복되었는지 솔직한 토론 또는 대화를 통해 검증한다.
④ 이 과정에서 체크하지 않았던 반대 유형의 강점과 약점에 동의가 되면 기록한 내용을 수정하면서 우리 팀이 가지고 있는 진짜 강점과 약점을 구분한다.
⑤ 강점을 유지하고, 약점을 보완할 수 있는 변화된 업무 방식과 규칙 2~3가지를 정하고, 1개월 동안 실행하며 피드백한다.
⑥ 다시 ①~⑤를 반복하며 우리 팀에 가장 어울리는 업무 방식과 규칙을 확정해 간다.

그렇다면 위와 같은 방식을 적용한 실제 사례를 통해 팀 단위로 MBTI를 어떻게 사용했는지 보자.

# 타 팀과의 커뮤니케이션 방법을 개선한 경우

디자인팀(10명)

| E | I | S | N |
|---|---|---|---|
| 40% | 60% | 10% | 90% |

| T | F | J | P |
|---|---|---|---|
| 60% | 40% | 40% | 60% |

| ISTJ | ISFJ | INFJ | INTJ | ISTP | ISFP | INFP | INTP |
|------|------|------|------|------|------|------|------|
| 10% | | 10% | 20% | | | 20% | |
| **ESTJ** | **ESFJ** | **ENFJ** | **ENTJ** | **ESTP** | **ESFP** | **ENFP** | **ENTP** |
| | | | | | | 20% | 20% |

**강점** #변화 적응속도 #새로운 방법 #창의적 #심미적

**약점** #개인 과업 수행 중심 #구체적이지 않은 추상화된 소통

10명으로 구성된 디자인팀이 있었다. 이 팀의 과업은 상품과 패키지를 디자인하는 것이었다. 그런데 10명의 데이터를 분석하고 나서 재미있는 부분을 하나 찾았다. 바로 직관형이 9명(90퍼센트)이고, 감각형은 1명(10퍼센트)에 불과했던 것이다. 업무상 현실적으로 디자인팀과 소통하는 상품팀에서는 너무 구체적이지 않은 소통으로 인해 힘들어하기도 했고, 예쁘게 디자인하려고 노력하

다 보니 고객에게 실용성이 부족하다는 피드백을 받았다. 거기에 내향형이 조금 더 많은 비중을 차지하면서 혼자서 일하고, 협업과 소통이 잘되지 않는다는 피드백을 많이 받기도 했다. 대신 강점은 일하는 속도가 빨랐고, 디자인이 너무 예쁘다는 고객의 피드백이었다. 디자인팀은 MBTI 워크숍을 일곱 번 진행하면서 개인의 특징을 이해하고, 서로에게 공유하는 시간을 가진 후 바로 팀 관점에서 어떻게 일하는 방식을 개선하면 좋을지를 생각하게 되었다.

그렇게 해서 찾은 결론은 바로 '레퍼런스'였다. 상품팀과 소통을 할 때 디자인팀에 반복해서 피드백이 왔던 것은 '너무 현실적이지 않다. 너무 예쁘게만 하려고 한다. 디자인팀이 말하는 이야기를 이해하기 힘들다'였는데 알고 보니 상품팀은 감각형이 70퍼센트에 달하는 조직이었다. 그래서 디자인팀의 다수인 직관형이 이야기하는 추상적이고 새로운 아이디어를 감각형들이 이해를 하지 못한 것이다.

워크숍 이후 디자인팀은 자신들의 아이디어를 공유할 때 반드시 참고할 만한 이미지와 영상, 샘플을 첨부하기 시작했다. 그리고 '이번에 제안하는 디자인은 첨부 드린 ○○과 비슷한 이미지로 나올 예정이에요. 혹시 더 참고할 레퍼런스가 필요하시면 알려 주세요'란 말을 덧붙이기 시작했다. 이렇게 아이디어를 제안하는 시점에서 레퍼런스를 전달하니 감각형은 자신이 몰랐던 내용을 빠르게 이해하면서 디자이너의 아이디어를 채택하는 비중이 실제로 더 많이 올라갔다고 한다.

## 학습하는 팀 문화를 만든 경우

| 생산팀(8명) | | | |
| --- | --- | --- | --- |
| E | I | S | N |
| 37% | 63% | 63% | 37% |
| T | F | J | P |
| 75% | 25% | 75% | 25% |

| ISTJ | ISFJ | INFJ | INTJ | ISTP | ISFP | INFP | INTP |
| --- | --- | --- | --- | --- | --- | --- | --- |
| 22% | | | 11% | | 11% | | 11% |
| ESTJ | ESFJ | ENFJ | ENTJ | ESTP | ESFP | ENFP | ENTP |
| 22% | | | | | | | |

강점 #맡겨진 과업을 끝까지 책임 #구체적인 계획 수립

약점 #지식과 경험이 공유되지 않음 #친밀한 관계 형성 미흡
#자신이 모르는 방법으로 실행하는 것을 꺼려함

8명으로 구성된 생산팀은 개인별로 과업을 수행하는 업무 방식을 가지고 있었다. 각 구성원에게 2~3개 상품이 맡겨졌고, 생

산 담당자들은 자신이 맡고 있는 상품의 품질과 생산, 생산공장 관리 등을 책임지고 있었다. 이 부분은 개인의 과업에 충실한 MBTI의 특징이 그대로 나타났다.

그런데 약점이 하나 있었는데, 그것은 개인의 지식과 경험을 공유하지 않는다는 것이었다. 일 중심으로 소통하고, 내 일이 아니면 관여하지 않는 조직문화의 영향도 있었지만, 생산팀 구성원들의 MBTI 구성도 영향을 끼치고 있었다. 내향형과 판단형이 많았기 때문이다.

리더는 MBTI 워크숍을 하는 과정에서 이 문제를 발견하고 어떻게 해결하면 좋을지를 두고 나와 소통했다. 그런 후 찾은 해결책이 '개인의 지식과 경험을 공유하는 문화를 만들자'였고, 이를 위해 두 가지 액션을 취하게 되었다.

첫 번째는 매주 구성원들이 돌아가며 자신의 경험과 지식을 공유하는 시간을 갖는 것이었고, 두 번째는 새롭게 들어온 인턴 직원들과 선배를 사수와 부사수로 매칭하여 매일 학습하는 시간을 갖도록 과업을 부여한 것이었다. 이 두 가지를 실행한 이유는 감각형의 성장을 위해 가장 중요한 것은 학습이라는 것과 생산팀에 맡겨진 책임은 잘 수행했지만, 새로운 방식으로 일하는 것을 꺼리는 모습에서 성장의 한계에 봉착했음을 알았기 때문이다. 새롭게 실행한 두 가지 방법은 팀원들에게 많은 동기부여가 되었다. 자신들도 더 성장하고 싶었지만 그 방법을 몰라 어려워하고 있을 때 리더가 딱 맞는 해결책을 제시해 주었고, 그 해결책을 통해 일을 하는 과정에서 학습하고 공유하는 습관을 갖게 되었기 때문이다. 그리고 인턴을 가르치면서 자신의 지식과 경험을 정리하면서 개인 강의안까지 만든 경우도 있었다.

## 각자의 방식에서 팀만의 방식을 만든 경우

콘텐츠 A팀(12명)

| E | I | S | N |
|---|---|---|---|
| 54% | 42% | 25% | 75% |

| T | F | J | P |
|---|---|---|---|
| 58% | 42% | 50% | 50% |

| ISTJ | ISFJ | INFJ | INTJ | ISTP | ISFP | INFP | INTP |
|------|------|------|------|------|------|------|------|
| 18% |  | 18% |  | 18% |  | 17% |  |

| ESTJ | ESFJ | ENFJ | ENTJ | ESTP | ESFP | ENFP | ENTP |
|------|------|------|------|------|------|------|------|
|  | 18% |  | 25% |  |  | 18% | 17% |

강점　#다양하고 창의적인 아이디어

약점　#계획되지 않는 실행과 약속대로 이행되지 않는 실행
　　　#목표와 얼라인되지 않은 아이디어

MBTI를 통해 팀의 전체적인 분위기와 구성원 개개인의 특징을 파악하는 것은 그리 어렵지 않다. 중요한 것은 그것을 참고하여 어떻게 '팀의 목표를 달성하기 위해 일하는 방식을 변화시킬 것인가'라는 관점에서의 리더 역할이다. 콘텐츠 A팀은 다양한 성향의 구성원들이 모여 있었다. 팀의 특징은 자유로움이었고 리더 또한 ESFJ로, 자주 소통하며 개개인의 특성에 맞춰 주는 성향이었다. 그런데 너무나도 자유로운 문화 속에서 팀의 목표, 합의된 계획을 지키지 않는 구성원들이 많아지기 시작했다. 그 이유 중 하나는 팀이 생긴 지 얼마 안 되다 보니 일하는 방식이 정해져 있지 않았던 것이었다. 리더는 혼자서 다양한 구성원들의 불평과 불만, 니즈를 듣고 개선해 나가다가 어느 순간 지쳐버리게 되었다. 이때 MBTI 워크숍 시간을 갖기로 했다.

그리고 구성원들의 특징에 대해 알기 위해 모든 팀원이 '나에 대한 이야기'를 하였고, 가장 중요한 부분으로 '리더의 성향'을 공유하였다. 그리고 팀에서 계획을 실행하고 지켜가는 사람이 단 두 명밖에 없고 나머지 구성원들은 '내 방식대로 실행'하고 있다는 것을 알게 되었다. 리더가 가장 중요하게 여기는 부분은 한 가지였다. '사전에 합의했고 약속한 일정과 계획은 지키자.' 그 외에는 개인의 자율을 존중한다는 메시지를 전했다.

이때부터 일하는 방식에 대한 규칙을 정하게 되었고, 리더는 매주 팀원들과 1 ON 1 미팅을 시작했다. 특히 일하는 방식이 아직 명확하지 않은 팀원과는 좀 더 자주 만나고, 일하는 방식이 명확하고 혼자서 계획을 실행해 갈 수 있는 인원과는 2주에 한 번씩 만나면서 조금 더 위임을 하는 형태로 진행했다. 새로 경력 직원이 입사하면 반드시 MBTI 워크숍을 하며 새로운 멤버와 리더가 서로의 특징과 동기부여 될 때와 안 될 때의 상황을 공유하며 빠른 시간 안에 팀워크를 맞추게 되었다.

## 각자의 강점을 팀의 경쟁력으로 만든 경우

브랜드 A팀(11명)

| E | I | S | N |
|---|---|---|---|
| 45% | 55% | 45% | 55% |

| T | F | J | P |
|---|---|---|---|
| 82% | 18% | 36% | 64% |

| ISTJ | ISFJ | INFJ | INTJ | ISTP | ISFP | INFP | INTP |
|---|---|---|---|---|---|---|---|
| 18% | | | | 9% | 9% | 9% | 9% |
| ESTJ | ESFJ | ENFJ | ENTJ | ESTP | ESFP | ENFP | ENTP |
| | | | 9% | | | | 27% |

| 강점 | #창의적이고 새로운 아이디어를 적용<br>#일을 더 잘하기 위한 개인의 노력 #성장에 관심 |
| --- | --- |
| 약점 | #서로의 방법이 더 낫다고 생각하는 주관<br>#서로에 대한 관심과 관계 형성보다 일과 성과에 초점 |

가장 빠르고 드라마틱하게 변화한 팀 중 하나로 기억에 남는 곳이 브랜드 A팀이다. 브랜드 A팀은 개개인이 자기만의 색을 가지고 있는 구성원들이 모여 있었다. 일할 때도 자기만의 방식이 있었고, 내가 편했던 방식과 내가 성과 냈었던 방식, 그리고 내가 하고 싶은 일이 명확했던 구성원들이었다. 이들은 전원이 경력 직원이었고, 최소 5년 이상의 경력을 바탕으로 자신만의 꿈과 비전 그리고 일하는 방식이 있었다. 그리고 일하는 것을 좋아하지만 관계를 형성하는 것에는 전혀 관심이 없었다.

리더와 소통을 하며, 조직에서 나타나는 이슈들을 어떻게 해결하는 것이 좋을지에 대해 논의하다가 '서로 친해지는 시간을 먼저 갖고, 서로의 일하는 방식과 지식, 경험을 공유하면서 팀의 목표에 대해 조금 더 많이 이야기해 보자'라는 계획을 짰다. 그리고 시작한 것이 바로 MBTI 워크숍이다. MBTI 워크숍 첫 번째는 팀원들이 어떻게 다른지를 노출하는 시간으로 활용했고, 두 번째는 개개인을 소개하는 시간을 가졌다. 그리고 ENTP 리더에 대해 알아가는 시간을 조금 더 투자했다. ENTP 리더가 진행자로 '나와 팀원들이 생각하는 ENTP 리더'에 대해 3개 팀으로 나눠 서로의 생각을 정리하고, 공유하는 시간을 가지면서 정말 빠르게 친해지는 시간을 만들었다.

그리고 두 번째 시간에 리더는 아래의 계획을 공유했다.

"바쁜 업무 중에서도 이렇게 MBTI 워크숍을 한 이유는 우리가 서로에 대해 더 많이 알면 협업을 할 때 도움이 된다는 것을 느끼게 하고 싶었기 때문이에요. 그리고 더 나아가서 우리가 가진 지식과 경험, 정보와 노하우를 공유하는 시간을 가지면 더 빠르게 성장하고 팀의 목표를 향해 한 방향으로 갈 수 있을 것 같아요. 그래서 다음 주부터 매주 진행하는 주간 회의 시간에 20분을 떼어 내서 한 명씩 돌아가며 '동료에게 도움이 될 만한 지식과 정보를 공유'하는 시간을 가져보려고 합니다. 저도 포함해서 3개월에 한 번 정도 공유하는 시간을 갖는다고 생각해 주면 좋을 것 같아요."

제비뽑기로 1~11번까지 순서를 뽑은 팀원들은 차례대로 주간 회의 시간에 20분 정도 준비한 발표를 했고, 이 시간을 통해 최고의 팀워크를 갖춘 팀으로 변화하기 시작했다. 서로에 대한 다름과 이해를 바탕으로 팀의 목표를 향해 내가 가진 지식과 경험을 공유하는 조직이 된 것이다.

# 대기업과 스타트업, 그리고 중소기업의 MBTI

혹시 우리나라에 나와 같은 MBTI 유형은 얼마나 될까? 한국어세스타에서 발행한 'MBTI Form M 매뉴얼'에 의하면 우리나라 인구에서 가장 많은 비중을 차지하는 유형은 ISTJ이고, 약 14.7퍼센트라고 한다. 두 번째는 ESTJ로 10.7퍼센트이고, 그다음이 ISFJ와 ENFP로 각각 8.4퍼센트로 같다. ESFJ는 6.6퍼센트, INFP가 6.5퍼센트이며 그다음으로 ISFP가 5.9퍼센트이고 INTJ가 5.5퍼센트이다. 반대로 가장 작은 비율은 ENTP와 ENFJ로 3.5퍼센트였다. 그다음으로 ENTJ와 INFJ가 약 3.8퍼센트였다.

## 우리나라 인구 비율별 MBTI

| ISTJ | ISFJ | INFJ | INTJ | ISTP | ISFP | INFP | INTP |
|------|------|------|------|------|------|------|------|
| 14.7% | 8.4% | 3.8% | 5.5% | 4.7% | 5.9% | 6.5% | 4.3% |
| ESTJ | ESFJ | ENFJ | ENTJ | ESTP | ESFP | ENFP | ENTP |
| 10.7% | 6.6% | 3.5% | 3.8% | 4.4% | 5.3% | 8.4% | 3.5% |

출처: MBTI Form M 매뉴얼, 한국 어세스타

그런데 내가 만나서 분석한 직장인의 MBTI 비율은 조금 달랐다. 2019년 7월부터 지금까지 약 2000명의 MBTI Form Q를 검사하고 그중 1248명의 직장인들과 워크숍을 진행했다. 다음은 그 결과를 정리한 것이다.

## 내가 만난 직장인의 MBTI 비율

| ISTJ | ISFJ | INFJ | INTJ | ISTP | ISFP | INFP | INTP |
|------|------|------|------|------|------|------|------|
| 17.8% | 3.1% | 2.5% | 5.3% | 7.6% | 3.1% | 4.7% | 4.5% |
| ESTJ | ESFJ | ENFJ | ENTJ | ESTP | ESFP | ENFP | ENTP |
| 15.0% | 3.7% | 3.1% | 5.5% | 6.6% | 2.6% | 7.0% | 7.7% |

ISTJ와 ESTJ가 1, 2위로 많은 비중을 차지한다는 것은 동일했지만, 가장 큰 차이를 보인 것은 바로 ENTP와 ISFJ였다. ENTP는 우리나라 비율보다 약 4.2퍼센트포인트가 더 많은 7.7퍼센트였고, ISFJ는 역으로 5.3퍼센트포인트가 적은 3.1퍼센트였다. 이유가 무엇일까를 고민하던 중 한 가지 데이터를 더 만들어보았다.

그것은 대기업, 스타트업 그리고 중소 제조업의 MBTI 분포다.

### 대기업의 MBTI 비율

| ISTJ | ISFJ | INFJ | INTJ | ISTP | ISFP | INFP | INTP |
|------|------|------|------|------|------|------|------|
| 21.3% | 1.1% | 3.2% | 3.7% | 11.2% | 0.5% | 5.3% | 5.9% |
| ESTJ | ESFJ | ENFJ | ENTJ | ESTP | ESFP | ENFP | ENTP |
| 15.4% | 4.8% | 0.5% | 4.3% | 6.9% | 1.6% | 7.4% | 6.9% |

### 스타트업의 MBTI 비율

| ISTJ | ISFJ | INFJ | INTJ | ISTP | ISFP | INFP | INTP |
|------|------|------|------|------|------|------|------|
| 14.8% | 2.6% | 3.4% | 5.4% | 8.1% | 3.6% | 5.7% | 4.5% |
| ESTJ | ESFJ | ENFJ | ENTJ | ESTP | ESFP | ENFP | ENTP |
| 11.2% | 3.3% | 3.7% | 5.6% | 6.8% | 3.3% | 8.1% | 9.9% |

### 중소 제조업의 MBTI 비율

| ISTJ | ISFJ | INFJ | INTJ | ISTP | ISFP | INFP | INTP |
|------|------|------|------|------|------|------|------|
| 24.5% | 5.4% | 0.3% | 5.4% | 7.5% | 5.4% | 2.7% | 4.5% |
| ESTJ | ESFJ | ENFJ | ENTJ | ESTP | ESFP | ENFP | ENTP |
| 17.9% | 4.5% | 2.4% | 2.7% | 6.0% | 3.6% | 3.9% | 3.6% |

각 기업군의 데이터를 비교해 보니 대기업과 중소 제조업의 인원수가 많은 MBTI 비율의 순서는 비슷하게 나왔다. 대기업은 ISTJ(21.3퍼센트), ESTJ(15.4퍼센트), ISTP(11.2퍼센트) 순으로 세 유

형의 합이 약 48퍼센트였고, 중소 제조업도 ISTJ(24.5퍼센트), ESTJ(17.9퍼센트), ISTP(7.5퍼센트)로 약 50퍼센트였다.

반면 스타트업은 ISTJ(14.8퍼센트), ESTJ(11.2퍼센트), ENTP(9.9 퍼센트) 순으로 많았고, ISTJ, ESTJ, ISTP(8.1퍼센트) 유형의 합은 약 34퍼센트로 다른 두 기업군과는 큰 차이가 있었다. 대신 스타트업의 가장 큰 특징은 다른 기업군과는 다르게 다양한 인재들이 편성되어 있다는 것과 감각형과 직관형의 차이가 거의 없었다는 것이다.

**감각형과 직관형 비율**

| 구분 | 감각형 | 직관형 | 차이 |
|---|---|---|---|
| 대기업 | 63% | 37% | 26% |
| 중소 제조업 | 75% | 25% | 49% |
| 스타트업 | 54% | 46% | 7% |

이 차이가 기업군별로 일하는 방식에 영향을 준다는 생각이 들었다. 직관형이 많은 스타트업은 도전적인 목표에 도전하고 새로운 방식으로 일을 하려는 경향을 보이며 'Why'에 집중한다.

한편, 중소 제조업은 일정 레벨로 제품의 품질을 유지하며 기한 안에 생산해 내는 'How'에 집중하는 차이가 있다. 대기업의 경우는 기업별로 여러 가지 비즈니스 모델이 있기 때문에 스타트업과 중소 제조업 그 사이의 모습을 보인다고 추측된다.

**외향형과 내향형 비율**

| 구분 | 외향형 | 내향형 | 차이 |
|------|--------|--------|------|
| 대기업 | 48% | 52% | -4% |
| 중소 제조업 | 44% | 56% | -11% |
| 스타트업 | 52% | 48% | 4% |

이와 비슷한 패턴으로 다른 기능들에 대해서 비교를 해보니 그 차이를 조금 더 느낄 수 있었다. 외향형과 내향형의 비율을 분석해 보니 스타트업이 외향형의 비율이 더 높았다. 더 빠르게 실행하고, 피드백하고, 다시 실행할 수 있는 힘이 있는 이유가 업계에서 외향형이 과반이기 때문이 아닐까 싶었다. 또한 스타트업의 경우 대기업과 중소 제조업에 비해 서로 협업을 할 때도 적극적으로 에너지를 주고받거나 업무를 주도적으로 리드하는 특징이 보인다.

**판단형과 인식형 비율**

| 구분 | 판단형 | 인식형 | 차이 |
|------|--------|--------|------|
| 대기업 | 54% | 46% | 9% |
| 중소 제조업 | 63% | 37% | 26% |
| 스타트업 | 50% | 50% | 0% |

가장 놀라웠던 부분은 바로 판단형과 인식형의 차이다. 대기업과 중소 제조업은 판단형이 더 많은 데 비해 스타트업은 판단형

과 인식형의 비율이 똑같았다. 스타트업의 비즈니스 모델 특성상 이런 특성이 나타난 것으로 보인다. 스타트업의 비즈니스 모델을 보면 '피벗(Pivot)'이라는 단어를 자주 사용한다. 이는 비즈니스 모델이나 방법을 수정하는 의미를 담고 있는데, 이때 자주 사용하는 방식이 바로 '애자일(Agile)'이다. 최근에는 우리나라의 삼성전자뿐만이 아니라 구글, 마이크로소프트 등 주요 기업들이 사용하고 있는 방식인데 이는 원래 스타트업의 개발자들이 주로 사용하던 방법이었다.

애자일 조직은 '민첩한' '기민한' 조직이라는 뜻으로, 부서 간의 경계를 허물고 목적이나 회사의 필요에 맞게 소규모 팀을 구성해 업무를 수행하는 조직문화다. 전통적인 수직 구조가 아니라 자율적으로 협업하는 수평적 업무 환경이 만들어지고, 애자일 조직에서는 위에서 아래로 지시를 하달하는 방식(Top-down)과 아래에서 위로 요구를 상향하는 방식(Bottom-up)이 공존하는 소통이 이루어진다. 그렇기에 애자일로 일하는 조직에서는 모든 구성원의 적극적인 참여를 요구하며, 변화에 대처하는 유연성과 자발성을 강조하는 수평적이고 민주적인 방식으로 운영된다.

그리고 애자일 조직의 가장 큰 강점은 바로 피벗, 즉 지금 하고 있는 프로젝트가 '아니다'라고 판단될 경우 바로 다른 프로젝트로 변화할 수 있는 것이다. 이때 강점으로 활용될 수 있는 MBTI 기능이 바로 인식형이다. 인식형의 강점이 바로 '변화에 대한 수용'이 높다는 것이기 때문이다. 이로 인해 비즈니스 속도가 스타트업, 대기업, 중소기업의 순으로 움직일 수 있다는 가설이 세워질 수 있고, 직관적으로는 동의할 수 있는 결과를 얻게 되었다.

## 조직에서 원하는 방식과 나의 성향

물론 이 데이터가 모든 기업의 특징을 반영할 수는 없다. 기업마다 다르고, 부서마다 다르기 때문이다. 또 각 기업군별로 대기업 188명, 스타트업 644명, 중소 제조업 335명이라는 소수 인원의 데이터이기 때문에 모든 산업군을 대변할 수도 없다. 하지만 이렇게 전체를 묶어 주는 패턴을 통해 우리 조직의 MBTI 분포와 비교하면서 어떤 식의 특징이 있는지를 들여다볼 수 있다.

그런데 여기서 보이는 비율들이 각각의 산업군에 적합한가를 보여 주는 단면이 되지는 못한다. 대기업에 가려면 가장 많은 유형인 ISTJ가 적합하다고 말할 수 없다는 뜻이다. 나 역시 대기업과 스타트업에서 근무하며 각각의 상황에 맞게 적응하며 성장한 경험이 있다. 대기업에서는 계획적이고 예측 가능하게 일했다면, 스타트업에서는 반대로 도전적인 목표와 함께 지속해서 변화하는 방식으로 일을 했었다. 둘 중에 내가 편안하게 일할 수 있는 환경을 제공해 준 곳은 대기업이었다. 하지만 스트레스는 많았음에도 짧은 시간에 내가 더 많은 경험을 하고 성장할 수 있도록 기회를 준 곳은 스타트업이었다. 중요한 것은 내가 어떤 성향인지를 인지하고, 조직에서 원하는 역할과 일하는 방식에 내가 어떻게 적응할 것인가를 결정하는 것이라고 생각한다. 그것이 이 책을 통해서 여러분이 얻어야 할 부분이라고 생각한다.

# MBTI로 그 사람을 모두 파악할 수 있을까?

MBTI를 강의할 때 꼭 강조하는 내용이 있다. 그것은 MBTI의 16가지 유형으로 사람을 단정 짓지 말라는 것이다. MBTI를 정식 과정을 거치지 않고 온라인이나 책 등을 통해 적당히 배운 사람들, 특히 리더들이 가장 많이 하는 실수가 MBTI를 조금 배우고 나서 한 사람을 하나의 유형으로 단정하고 판단하는 것이다.

'○○○은 ISTJ라서 내가 시켜야 일을 해' '자기가 잘한 거 인정 안 해주면 속으로 삐진다니까. 그러니까 가서 칭찬 좀 해주고 와' '○○○은 ENFP라서 항상 시끄러워. 아마 조용한 날은 아픈 날밖에 없을걸'이라며 팀원의 MBTI에 따라 약점과 강점을 단정해 버리는 것이다.

그런데 이 세상 사람을 16가지 유형으로 모두 표현할 수 있을까? 절대 불가능하다. 사람이 1억 명 있으면 사람의 패턴, 성격, 성향, 취향도 1억 가지가 된다. 즉, 이 세상에 같은 유형의 사람은 존재하지 않는다. 개인이 타고난 기질에 따라, 개인이 처한 외부 환경에 따라, 개인의 현재 기분에 따라 MBTI 결과 또한 다양한 패턴이 나온다.

MBTI가 16가지 유형으로 나온 이유는 그저 비슷한 특징이 나오는 패턴이라고 생각하는 것이 좋다. 그리고 사람을 파악할 때 더 중요한 것이 있다. 그것은 실제 그 사람이 어떻게 말하고 행동하는지를 관찰하는 것이다.

MBTI를 사용할 때 가장 유의해야 할 부분이 MBTI를 맹신하는 것이다. 우리는 건강 검진을 할 때 다양한 검사를 받는다. 피를 뽑아 핏속에 있는 다양한 데이터를 진단해 보고, 내시경을 통해 위와 장을 실제 눈으로 보고, 심전도와 X-레이처럼 다양한 기계들을 사용해 내 몸 구석구석을 수치로 진단하고 눈으로 확인한다.

그런데 MBTI는 진단 도구가 아니다. MBTI뿐만 아니라 MMPI, DISC, Strengthsfinder 등의 다양한 심리·성격 유형 검사는 모두 당사자가 셀프 체크하는 방식으로 진행된다. 진단하는 것이 아니라 상태를 파악하는 검사 방식을 사용하는 것이다. 그런데 이때 가장 큰 오류가 발생한다. 그것은 바로 '우리가 환경에 영향을 받는 인간'이라는 것이다. 우리는 살아가면서 다양한 환경에 노출되어 있다. 어릴 적에는 부모님과 형제자매가 나에게 가장 큰 영향을 주는 환경이다. 성장하면서는 학교와 친구들이 나의 성격에 영향을 준다. 그리고 직장에서는 내가 어떤 회사에 다니는지, 어떤 직무를 맡고 있는지, 그리고 어떤 리더나 동료들과 함께 일하는지가 나에게 가장 영향을 주는 외부 환경들이다.

만약 MBTI를 검사하는 오늘, 회사 동료들에게 '시간을 잘 지켜달라'는 피드백을 받았다면 나는 어떤 체크를 하게 될까? 나는 평소 시간을 잘 계획하고 지키는 것보다는 자유롭게 시간을 사용하는 것이 편했는데, 부모님은 반대로 시간을 계획하는 습관을 가지고 있다면 어떻게 될까? 아마 MBTI 검사에서 체크할 때 기존의 나와는 다른 '시간을 잘 준수하는 나'를 체크할 확률이 높아질 수 있다. 이유는 부모님과 동료들에게 내가 그렇게 보이고 싶고, 그런 행동을 하는 사람이 되고 싶어 할 수도 있기 때문이다. 이상적으로 내가 그리는 나의 모습이 타고난 내 성격을 밀어내 버리는 순간이다.

MBTI를 검사할 때 이런 차이를 이해하지 않으면 타고난 특징을 찾는 것이 아니라, 환경에 영향을 받은 나에 대한 결과를 받게 된다. 즉, 환경에 적응하는 나를 표현한 결과를 MBTI로 받는 것이다. 그럼 객관적인 나를 검사했다고 할 수 있을까?

나는 조금 더 객관적인 검사를 진행하기 위해 MBTI 검사 전 몇 가지 안내 사항을 꼭 알려준다. 이때 안내의 핵심은 '나에게 환경적으로 영향을 주는 외부 및 내부 요인을 제거하는 것'이다.

MBTI 검사 시 유의해야 할 점

① 회사나 리더, 동료가 나에게 요구하는 모습을 고려하지 않는다.

② 부모님, 가족들이 나에게 기대하는 모습을 고려하지 않는다.

③ 우리나라 고유의 문화, 지역적 특성 등을 고려하지 않는다.

④ 회사에서의 직책, 직업, 성별에 따른 기대 등을 고려하지 않는다.

⑤ 내가 이상적으로 원하는 나의 모습을 고려하지 않는다.


MBTI 검사를 할 때는 나에게 영향을 주는 모든 것을 잊고 내가 가장 편안하게 하는 행동, 자주 하는 행동, 내가 편안한 환경에서 반복하는 행동을 체크해야 한다. MBTI는 성격을 진단하거나 개인의 능력을 평가하는 진단 도구도 아니고, 누가 더 좋은 MBTI를 가지고 있는지를 찾는 IQ 검사도 아니다. 단지 내가 나를 더 잘 이해하기 위해서 환경에 적응한 나를 찾는 것이 아니라, 타고난 나의 고유한 특징을 찾는 것이라는 것을 꼭 기억하자. 나를 바르게 이해해야 지금 나에게 영향을 주는 환경에 어떻게 적응해야 할지를 내가 주도적으로 결정할 수 있게 된다.

4장

# 당신을 위한
# 실전 MBTI 활용법

# P와 J의 운수 좋은 날

# 일할 때
# MBTI가 바뀌는 이유

A 팀장이 있었다. 나와 두 번의 MBTI 진단과 함께 네 번의 워크숍을 했던 분인데, 처음엔 ISTP가 나왔고, 그 유형에 대한 본인의 신뢰도가 꽤 높았다. 당시에는 기획자로 혼자서 기획하고, 함께 일하는 마케팅·생산 담당자들과 협업을 했었다. 그런데 1년 후 이 기획자는 10명의 팀원을 책임지는 한 브랜드의 리더가 되었고, 두 번째 진단을 했을 때는 INTP라는 새로운 결과를 얻게 되었다. 어떤 변화가 있었기에 감각형에서 직관형으로 변화되었을까? 대화를 통해 개인 과업을 수행하는 담당자에서 브랜드를 이끄는 리더로의 변화는 큰 영향을 주지 못했다는 것을 서로 인정

했다. 팀원들과의 관계도 좋았고, A 팀장에게 그 브랜드는 기획자로서나 리더로서나 자신과 동일시되는 중요한 부분이었기 때문이다.

그런데 중요한 변화는 회사와 경영진과의 일하는 방식에 있었다. 기존에는 자신이 하고 싶은 상품을 기획하고, 제안하고 컨펌을 받는 순으로 자신의 속도에 맞게 일을 하고 있었다면 리더가 된 이후로는 1년, 3년, 5년 뒤의 계획과 브랜드의 비전과 미션까지 설계해야 하는 상황에 놓였다. MBTI가 바뀐 두 번째 진단을 하기 전후로 6개월이라는 시간은 브랜드 비전과 미션을 경영진과 끊임없이 토론하던 시기였기 때문이었다.

감각형의 특징은 현재와 과거의 경험을 바탕으로 지금 해야 할 일에 시간 사용하기를 좋아한다. 반대로 직관형은 미래의 목표와 비전을 먼저 설계하고 그에 맞게 현재의 의사결정을 다시 하는 방식으로 일을 한다. 이때 ISTP였던 A 팀장과 비전과 전략에 대해 이야기를 나누는 CEO가 ENTP의 리더였다. 그래서 CEO와 대화를 하고 브랜드를 유지하기 위해서는 직관형의 특징을 더 많이 사용해야 했다.

A 팀장은 현재의 목표를 달성하거나 숫자를 바꾸는 것에는 강점이 있었지만, 미래의 전략을 세우고 비전과 미션을 정렬하는 것은 경험해 보지도 못했던 생소한 영역이기도 했다. 그래서 MBTI가 INTP로 변화하기는 했으나 '이걸 왜 해야 하지? 이것 말고도

더 중요한 일들이 많은데…'라며 불편한 과업으로 생각할 뿐이었다. 이때 나는 CEO의 특징에 대해 간략하게 이야기하고, 브랜드가 조금 더 힘을 받고 CEO와 회사의 지원을 받기 위해서는 CEO에게 임팩트를 줄 수 있는 브랜드의 전략과 미션을 제안하는 것이 더 필요하다는 의견과 함께 감각형이 직관형처럼 비전과 미션을 만들어 갈 수 있는 간단한 방법을 공유했다. 그 방법이 '학습'이다.

직관형은 기존의 방식과는 다른 창의적인 생각들을 표현하는 것이 편안한 사람들이다. 그래서 이들이 전략을 세우면 기존과는 전혀 다른 모습의 브랜드가 설정된다. 반면 감각형이 있는 그대로의 모습으로 브랜드의 비전과 전략을 세우면 무슨 일이 벌어질까? 과거에 좋았던 방식과 내가 알고 있지만 사용해 보지 않았던 방식들을 적용하려고 한다.

그런데 이런 방법들은 직관형에게는 진부한 전략이 되어버린다. 그래서 직관형인 CEO를 설득하기 위해서는 창의적이고 조금 더 먼 미래의 큰 목표를 세우는 것이 필요했다. 이를 돕기 위해 나는 A 팀장에게 '3 Horizon'*이라는 전략을 설계하는 이론을 공유하고, 주변 다른 브랜드의 전력과 미션을 설계한 사례를 10가

---

* 3 Horizon: 기업이 장기적인 성장을 유지하는 방법을 현재의 핵심 비즈니스, 새로운 기회를 위한 비즈니스 그리고 미래 수익성 있는 아이디어와 기회를 찾는 3개 단계로 구성한 전략 설계 방법

지 이상 학습하라고 이야기를 전했다. 감각형이 바로 직관형처럼 창의적인 전략을 세우는 것은 어렵다. 하지만 감각형은 학습을 하는 만큼 그 학습한 내용을 업무에 적용하는 것을 편하게 여긴다.

이처럼 감각형 리더라면 전략을 설계하는 포맷(3 Horizon)과 다른 브랜드의 전략을 학습하면서 내 브랜드의 전략을 설계할 수도 있고, 전략기획을 잘하는 친한 지인과 토론을 반복하는 방법, 우리가 롤모델로 생각하는 브랜드의 성장 과정을 벤치마킹하면서 만들어 갈 수도 있다. 커리어 코치와 문제를 풀어가기도 하고 팀원들과 함께 포스트잇에 각자가 생각하는 브랜드의 미래를 기록하고 서로의 생각을 공유하고 질문하며 만들어 가는 방법도 가능하다. 그중에 내 유형에 가장 적합한 방법을 찾으려면 참 유형과 직업 유형을 구분해야 한다. 이를 토대로 MBTI 유형에 얽매이기 보다 그저 나에게 주어진 과업을 내가 편하고 수월하게, 또는 조금 더 잘할 수 있는 방법을 찾는 것이다.


## 나의 참 유형과 직업 유형을 구분하기

만약 직장에서 나와 함께하고 있는 동료들을 볼 때 어떤 유형일 거라고 판단이 된다면 그것은 어쩌면 그의 참 유형이 아닌, 직업 유형일 수도 있다는 것을 꼭 기억해야 한다. 직업 유형은 직업과 직무 또는 기업의 조직문화에 맞춰서 행동하고 있는 모습이다. 참 유형과 직업 유형이 다르다는 것을 가식이나 자신을 속이는 거짓이라고 생각할 필요는 전혀 없다. 전문가에 따라 의견이 다르겠지만, 나는 자신의 참 유형을 명확하게 인지하고 있는 상태에서 자신의 환경에 맞춰 다양한 직업 유형을 갖는 것은 발전적인 모습이라고 생각한다. 내 의지로 내가 비선호하는 행동에 도전하고 있기 때문이다. 그 이야기는 나와 반대되는 유형의 사람들이 나의 행동에 긍정적 반응이나 편안함을 느낄 수도 있다는 의미이다.

예를 들어 나는 내가 ISTJ의 성향임을 명확하게 인지하고 있지만, 강의나 코칭을 할 때는 외향형의 행동인 '먼저 다가가서 이야기하고, 대화할 때 리액션을 조금 더 크게 하거나, 대화하는 것을 더 하려고 노력'하기도 하고, 힘들어하는 동료에게 '격려와 공감의 언어를 사용하는 감정형의 행동을 먼저' 하기도 한다. 사람을 이해하는 도구인 MBTI에는 정답이 없다는 것만 꼭 기억해 주길 바란다.

이제 A 팀장처럼 지금 내가 직장이나 삶 속에서 어떤 참 유형이나 직업 유형을 가지고 있는지를 한번 간단하게 탐색해 보는 시간을 가져보자. 예시를 참고하여 참 유형의 나와 직업 유형의 나를 각각 생각해 보면서 조금 더 나에게 필요한 부분을 찾아보자.

## | 예시 |

**역할: 브랜드 팀장**                              **나의 MBTI 유형: ISTP**

| 나에게 기대하는 행동 | 나의 강점 | 나의 약점 | 내가 적용해 볼 수 있는 방법 |
|---|---|---|---|
| 브랜드의 비전과 미션, 1·3·5년 후의 전략을 설계한다. | • 단기적인 목표를 달성하는 실행<br>• 계획을 실행하면서 상황에 맞게 수정·변화 | • 먼 미래의 이상적인 목표를 설정하기<br>• 전략 도식화하기<br>• 비전과 미션을 그려본 경험 없음 | • 타 브랜드 전략서 10개 스터디하기<br>• 3 Horizon 전략 맵 활용하기<br>• 창의적인 아이디어를 가진 팀원들과 토론하기 |

**역할: 아빠**                                    **나의 MBTI 유형: ISTJ**

| 나에게 기대하는 행동 | 나의 강점 | 나의 약점 | 내가 적용해 볼 수 있는 방법 |
|---|---|---|---|
| 일하는 시간을 줄이고 가족들과 함께하는 시간을 조금 더 갖기 | • 혼자만의 시간을 가지며 계획하기<br>• 약속을 지키고 책임지기<br>• 반복하는 루틴 지키기 | • 주말에도 미리 계획되지 않은, 갑자기 생기는 스케줄을 싫어함<br>• 한번 집에 들어오면 안 나가려고 함 | • 가족과의 시간을 루틴으로 미리 계획하기 (매주 토요일 카페 가기, 분기 1번 여행 가기, 평일 3번 저녁 식사 함께 하기) |

역할:                          나의 MBTI 유형:

| 나에게 기대하는 행동 | 나의 강점 | 나의 약점 | 내가 적용해 볼 수 있는 방법 |
|---|---|---|---|
| | | | |
| | | | |
| | | | |

역할:                          나의 MBTI 유형:

| 나에게 기대하는 행동 | 나의 강점 | 나의 약점 | 내가 적용해 볼 수 있는 방법 |
|---|---|---|---|
| | | | |
| | | | |
| | | | |

# MBTI로
# 나를 읽어내는 법

한 기업의 팀장 이상 전체 리더들과 함께 MBTI 워크숍을 할 때 있었던 일이다. 점심시간이 지나고, 어느덧 워크숍이 2시간 남은 쉬는 시간에 한 팀장님이 내게 이렇게 이야기를 해줬다.

"리더십에서 MBTI, 이걸 왜 할까 의심했어요. 그런데 소름이 돋았어요. 워크숍 결과지를 보면서도 놀랐는데, 함께 워크숍을 하면서 나와는 다른 유형의 사람들의 생각과 행동을 듣는 것도 놀랐고, 코치님이 중간중간에 유형별로 자주 하는 행동과 그 이유를 설명해 주셨을 때는 소름이 돋더라고요. 내 행동과 다른 사람들의 행동이 떠오르면서 이해가 되었거든요. 빨리 돌아가서 팀원들의 행동을 다시 관찰해 보려고 해요."

이 팀장님의 이야기는 자기 인식(Awareness)에 관한 내용이었다. 나는 이 부분을 '알아차림 또는 자기 인식'이라고 말한다. 자기 인식은 무엇일까? 요즘 TV 프로그램을 보면 관찰을 통해 컨설팅이나 멘토링을 하는 프로가 많이 있다. 그중 육아 코칭 프로그램에서 가끔 부모님들이 자신이 나오는 화면을 보면서 깜짝 놀라는 것을 볼 수 있다. 그때가 언제일까? 바로 '아이들을 나무라는 자신의 모습'이 화면에 나타났을 때다. 부모님은 화를 내던 자신의 표정을 화면을 통해 처음 보게 된다. 그런데 어떨 때는 아이를 경멸하는 표정을 짓기도 하고, 너무 무서운 표정을 지어서 스스로 깜짝 놀라기도 한다.

그런데 부모는 자신이 화를 내는 표정을 화면을 통해 처음 보지만, 아이는 어떨까? 아이는 부모님이 자신에게 화를 낼 때마다 그 표정을 보고 있었을 것이다.

리더십에서 이야기하는 자기 인식은 여기에 있다. 리더는 무의식적으로 자신이 타고난 성향에 익숙한 행동을 하게 된다. 자연스럽게 말이다. 그런데 자신은 그 행동이 무엇인지 객관적으로 기억하지 못한다. 너무 익숙하고 자연스러운 모습이니까. 그런데 리더와 다른 성향을 가진 구성원들에게 그 행동은 어떤 모습일까? 어쩌면 화를 내는 부모님의 모습을 보는 아이의 마음과 같을지도 모른다.

리더뿐만이 아니다. 함께하는 동료, 가족과 친구들 사이에서도 우리들은 타고난 나만의 고유한 성향대로 말하고 행동한다. 그렇기에 어쩌면 내 주변에 있는 사람들은 자신이 불편하게 여기는 말과 행동을 하는 나로 인해 부정적 영향을 받을 수 있다.

이처럼 자기 인식은 카메라에 녹화된 내 모습을 보는 부모님처럼 자신이 어떤 행동을 하고 있는지를 인지하는 시간이고, 그 행동들이 나와 비슷하거나 다른 주변 사람들에게 어떤 영향을 주는지를 이해하는 시간이다.

특히 MBTI를 통해 자기 인식의 시간을 갖게 되면 E/I, S/N, T/F, J/P라는 같은 기준으로 나와 비슷한 행동을 하는 사람과 그 이유, 나와 다른 행동을 하는 사람과 그 이유를 조금은 쉽게 찾을 수 있다. 그리고 여유가 있다면 상대방에게 맞춰서 내 행동에 변화를 줄 수도 있다. 그리고 이 배려하는 행동이 커다란 나비효과를 가져오기도 한다.

나에게 맞춰 주는 사람을 우리는 '나를 존중해 주는 사람'으로 인식한다. 특히 나를 존중해 주는 리더는 나의 말에 귀 기울여 주고, 내 의견에 긍정적 호기심을 가져주고, 나를 인격적으로 대해 주는 리더다. 그리고 나를 존중해 준다는 것의 표현은 '나를 중요한 사람으로 인정'하는 행동을 반복해서 하는 것이라고 생각한다. 성장과 성공의 기회를 주지만, 존중받지 못한다면 누구라도 그 리더와 함께 오래 일하고 싶지 않을 것이다. 하지만 나에게 먼저 맞취 주고, 나를 존중해 주는 리더와 동료들이 많은 조직이라면 조금은 더 함께하고 싶어지지 않을까?

이 관점에서 다음의 '나를 위한 적용점 기록해보기' 워크시트를 활용해서 나를 알아보는 자기 인식의 시간을 가져보자.

① 조용한 공간에서 먼저 선호하는 행동과 비선호하는 행동에 대해 생각나는 모든 내용들을 적어 본다.

② 나를 잘 아는 가족, 친구 그리고 직장 동료들에게 질문하고 추가 의견들을 기록한다.

③ 유형에 치우치기보다는 내가 실제 자주 반복하는 행동을 중심으로 기록한다.

④ 선호하는 행동과 비선호하는 행동에 대한 정리가 끝났다면 이제 내가 개선하면 좋겠다고 동의되는 부분에 대해 '내가 도전해 볼 수 있는 행동의 변화'를 써본다.

⑤ 가족, 친구 그리고 직장 동료들에게 '내가 도전하고 싶은 행동'을 공유하고, 피드백을 요청한다. 이때, 노력하고 있는 부분은 인정·칭찬으로, 노력하고 있지 않은 도전은 피드백을 해달라고 요청한다.

# | 나를 위한 적용점 기록해 보기 |

## · 외향형 대 내향형 ·

| 구분 | 내가 선호하는 행동 | 내가 비선호하는 행동 | 내가 도전해 볼 수 있는 행동 변화 |
|---|---|---|---|
| 대화할 때 | | | |
| 새로운 사람을 만났을 때 | | | |
| 스트레스를 받을 때 | | | |
| 일을 할 때 (직무 특징) | | | |
| 리더와 대화할 때 | | | |
| | | | |

## · 감각형 대 직관형 ·

| 구분 | 내가 선호하는 행동 | 내가 비선호하는 행동 | 내가 도전해 볼 수 있는 행동 변화 |
|---|---|---|---|
| 목표를 정할 때 | | | |
| 아이디어를 낼 때 | | | |
| 보고서를 작성할 때 | | | |
| 리더와 소통할 때 | | | |
| 내가 성장하기 위해서 | | | |
| | | | |

## · 사고형 대 감정형 ·

| 구분 | 내가 선호하는 행동 | 내가 비선호하는 행동 | 내가 도전해 볼 수 있는 행동 변화 |
|---|---|---|---|
| 의사결정을 위해 필요한 것 | | | |
| 내가 팀에 기여하기 위해서 | | | |
| 잘못된 것을 알았을 때 | | | |
| 힘들어하는 동료를 봤을 때 | | | |
| 리더와 소통할 때 | | | |
| | | | |

## · 판단형 대 인식형 ·

| 구분 | 내가 선호하는 행동 | 내가 비선호하는 행동 | 내가 도전해 볼 수 있는 행동 변화 |
|---|---|---|---|
| 계획과 실행을 할 때 | | | |
| 변화가 필요할 때 | | | |
| 동기부여가 될 때 | | | |
| 일에서 성과를 내기 위해서 | | | |
| 리더와 소통할 때 | | | |
| | | | |

# 팀에서 나를 잘 활용하는
방법은?

먼저 일을 할 때 가장 중요한 것은 '나'를 이해하는 것이다. 업무와 목표를 달성하기 위해 필요한 직무 스킬과 지식, 경험을 알고 있다면 내가 가지고 있는 강점, 약점을 바탕으로 업무에 적용점을 찾아볼 수 있기 때문이다. 그런데 팀으로 움직일 때는 한 가지가 더 추가된다. 바로 나와 같은 관점에서 동료를 이해하는 것이고, 그 동료가 자신이 선호하는 강점을 활용할 수 있는 환경을 제공해 주는 것이다.

우리 중에 혼자서 모든 일을 할 수 있는 사람은 없다. 또 혼자서 일하는 것보다 함께 일할 때 더 큰 성과를 낼 수 있다. 조직이 팀으로 움직이는 이유이기도 하다. 그렇다면 팀 안에서 내가 어떻게 움직여야 더 큰 성과를 만들 수 있을까? 크게 두 가지 방법이 있다. 하나는 내가 선호하는 행동을 더 편하게 할 수 있도록 팀의 다른 동료들이 이해해 주는 것이고, 다른 하나는 나와 다른 동료의 선호하는 행동에 내가 맞춰주는 것이다.

다음에 소개하는 'MBTI 유형별 특징'은 나에게 동료들이 맞춰줄 때 사용하면 좋다. 다음과 같이 진행해보자.

### 1단계

① 16가지 MBTI 중 나의 유형을 먼저 찾는다.

② MBTI 유형별 특징을 보며 내가 가장 중요하게 여기는 1~2가지를 체크한다. 없으면 맨 아래 빈칸에 내가 중요하게 여기는 부분을 기록한다.

### 2단계

③ 팀 동료들과 함께 모여 서로가 체크한 항목과 선정 이유를 설명한다. 이때 동료가 체크한 항목을 찾아 동료의 이름을 기록한다.

④ 실제 비슷한 사례가 언제였는지 솔직하게 이야기한다.

### 3단계

⑤ 서로의 일과 행동에서 상대방이 중요하게 여기는 부분을 고려하며 말과 행동, 일하는 방식을 2주~1개월 동안 맞춰서 행동한다.

⑥ 2주~1개월 후 함께 모여 지난 기간 서로를 위한 행동을 피드백한다.

(좋았던 점, 도움이 되었던 점, 개선할 점, 감사 표현 등)

# MBTI 유형별 특징

## ISTJ: 한번 시작한 일을 끝까지 해내는 사람들

| 성향 및 도움이 되는 행동 | 체크하기 |
|---|---|
| **1. 책임감 있게 일하며 수고하고 있는 부분에 대해 인정·칭찬한다.**<br><br>책임감 있게 진행하고 있는 과업이나, 그들의 작은 기여도 인정과 칭찬을 해주자. ISTJ들을 가장 동기부여 시킬 수 있는 방법 중 하나가 바로 '인정'이다. | |
| **2. 과거 경험한 사례에 대해 물어본다.**<br><br>① ISTJ의 문제 해결 방식은 과거의 경험과 지식을 베이스로 한다. 만약 그런 사례가 있다면 누구보다도 빠르게 실행을 할 수 있다.<br><br>② 꼭 의견을 물어보자. 조심스럽게 이야기를 못하다가도 멍석이 깔리면 그들은 알고 있는 모든 지식을 다 꺼내 놓는다. ISTJ들이 회의 시간에 말이 없다고 의견이 없는 것은 아니다. | |
| **3. 구체적인 방향과 목표에 대해서 합의 및 의사결정을 해줘야 한다.**<br><br>'알아서 한번 해봐요. 이거 이상하지 않아요? 다시 해봐요'라는 말을 가장 싫어한다. 피드백을 할 때도 이슈가 되는 부분을 명확하게 알려주면 좋다. | |
| **4. 갑작스러운 변화를 스트레스로 받아들인다.**<br><br>특히 빨리 해야 하거나, 데드라인이 다가왔을 때 더 스트레스를 받는다. 일정, 방향, 전략 등에 변화를 줘야 할 때에는 조금이라도 미리 알려 주자. 그리고 수정해야 할 경우 어떤 문제가 발생하는지, 그 문제를 수정하려면 무엇을 도와줘야 하는지 물어보자. | |

**5. 약속을 지키지 않는 것을 싫어한다.**

책임감이 강하다 보니 본인뿐만 아니라 타인도 약속을 꼭 지키려고 노력해야 한다고 생각한다. 그래서 ISTJ에게 약속을 받아내면 그들은 그 약속을 지키기 위해 몰입한다.

**6. 가장 중요한 목표가 무엇인지 우선 확인하자.**

효율성을 중요하게 생각하고, 결과물이 눈에 보이는 것을 좋아하다 보니 단기적인 일에 관심이 많은 편이다. 사소하고 쉬운 일들을 먼저 하려고 한다. 그래서 가끔 중요한 것을 놓치지 않았는지 확인을 해주면 좋다. 장기적인 목표에 대해서도 꼭 확인해 주자.

**7. 자신과 타인의 감정과 상황에 대해 공감과 이해를 훈련하도록 조언하자.**

① 일, 결과, 성과 중심이기 때문에 자신과 타인의 감정을 잘 느끼지 못하는 경우가 자주 있다. '최근에 주변 사람들을 칭찬한 적이 있는지?' '주변에 힘들어 하는 사람이 있는지?' '그 사람을 위해 무엇을 해줄 수 있는지?'를 물어보자.

② 미팅을 할 때 비판적, 분석적으로 이야기하고, 안 되는 이유를 잘 찾아낸다. 하지만 부정적인 마음으로 표현하는 것은 아니다.

# ISFJ: 성실하고 온화하며 협조를 잘하는 사람들

| 성향 및 도움이 되는 행동 | 체크하기 |
|---|---|

**1. 현실적인 상황 이외에 왜 이것을 하는지 목표를 공유하고 확인한다.**

① 현실을 중시하다 보니 내면에 감춰진 목표, 미래의 가능성, 목표를 놓칠 수 있다. 이들에게는 과업을 줄 때 명확하게 얻고자 하는 것을 현재와 미래 시점으로 나눠서 구체적으로 알려주고 그 목표를 달성하는 데 방해가 되는 부분을 확인하자.

② 목표로 하는 미래를 실천하는 게 현재에 어떤 영향을 끼치는지, 점진적으로 어떻게 다가가는지에 대해 구체적인 설명을 해주면 더 좋다. 실행하는 속도는 데드라인만 명확하게 소통하면 책임감을 가지고 어떻게든 해낸다.

**2. 교정적 피드백을 스스로 받아들이고, 남들에게도 쓴소리를 할 수 있도록 조언하자.**

① 상대에게 상처를 주지 않으려고 노력하다 보니 꼭 해줘야 하는 말도 못하게 되는 경우가 있다. 주변 동료들에게 꼭 해주고 싶은 말이 있는지 확인하고, 구체적으로 전달할 수 있도록 훈련한다.

② ISFJ에게 교정적 피드백을 할 때 '나는 당신의 능력을 신뢰한다. 하지만 A에 대해서는 B가 될 수 있도록 수정해 주면 좋겠다'라고 신뢰와 인정 후에 교정적 피드백을 하자.

**3. 지시하고 명령하는 훈련을 반복적으로 하자.**

리더가 되고자 할 때, 멘토로 직원을 이끌어 갈 때, 명령과 지시를 해야 할 수도 있다는 것을 알려주자. 지지적 피드백만으로는 사람을 성장시킬 수 없다. 부족한 부분, 보완해야 할 부분을 알려 주고 그것을 보완하도록 하는 교정적 피드백을 할 수 있도록 훈련하자. 최근에 명령과 지시, 교정적 피드백을 한 적이 있는지 확인 후 이 부분이 약점이 될 때에는 더 자주 피드백을 해준다.

**4. 실행하는 속도가 느리므로 스케줄을 조금 당겨서 잡아준다.**

ISFJ에게 스케줄을 맡기면 진행 속도가 너무 늦기 때문에 데드라인에 맞추기보다는 수정할 여유를 가지고 조금 빨리 스케줄을 잡는다. ISTJ보다 1~2박자 더 빠르게 잡자.

**5. 업무에서 새롭게 바뀌거나 업그레이드한 방식이 있는지 확인한다.**

이미 확립된 방법을 동일하게 하는 것을 선호한다. 변화를 불편해하기 때문에 의지적으로 추가한 것, 더 좋아진 것, 업그레이드한 것 등을 확인하고 업그레이드는 항상 해야 하는 과업으로 지정해 준다.

**6. 그들의 수고와 헌신을 인정해준다.**

ISFJ가 사람에게 끼친 긍정적인 영향을 알려주자.

예) "당신의 수고, 노력, 배려 등으로 인해 A라는 사람에게 ○○○한 도움이 되었어요."

# ISTP: 논리적이고 뛰어난 관찰력을 가지고 있는 사람들

| 성향 및 도움이 되는 행동 | 체크하기 |
|---|---|

**1. 그들의 성과와 기여를 알아보고, 먼저 인정해준다. 그리고 권위를 세워준다.**

ISTP는 솔선수범하지만, 자신들의 수고와 노력을 일부러 노출하지 않는다. 숨은 곳에서도 열심히 한다. 그래서 그들의 수고와 노력을 인정해 주면 '나에게 관심을 갖고 있구나. 중요한 사람으로 여겨지고 있구나'라고 생각하며 동기부여가 된다. 또 의식적으로 권위를 사용하도록 도전을 주자. 평등이 타인과의 관계에서 중요하다고는 하지만, 업무에서는 일정 부분 지시와 명령이 필요할 수도 있다.

**2. 시작한 것은 끝까지 해결할 수 있도록 관리한다.**

하고 있는 업무의 진행 상황을 주기적으로 체크해보자. 그렇게 관심을 가져 주면 그 일을 놓치지 않고 마무리할 수 있고, 피드백을 통해 발전적인 방향을 고민할 수 있다. 이때는 통제받고 있다기보다는 관심을 받고 있다는 느낌을 받아 성취감을 갖는다.

**3. 먼저 이야기를 걸어 주고, 대화를 시작한다.**

알아가는 데 시간이 오래 걸리는 편이다. ISTP가 먼저 말을 걸 때는 업무 이야기일 때다. 하지만 다른 사람이 먼저 말을 걸어 주면 편하게 대화한다. 편하게 먼저 말을 걸어 주자. 말이 없다고 말하기 싫은 것은 아니다.

**4. 업무 이외에도 개인적인 관계와 서로를 알아가는 시간을 가져보자.**

이들은 업무가 아니면 친해지기 어렵다. 하지만 친해지면 누구보다도 팀워크가 좋고 소통이 잘되는 유형이다. 편안하게 이야기할 수 있는 관계를 만들고, ISTP에게도 주도적으로 친한 관계를 맺도록 노력하도록 권하자.

**5. 버전업과 피드백을 지속적으로 체크하자.**

효율성을 중요시하는 성향이라 끈기 있게 파고들기보다는 쉬운 방법을 찾아간다. 끊임없이 변화하고 노력하도록 '지난번과 달라진 것은 무엇일까?' '지금 방법이 최선일까? 더 나은 방법은 없을까?' '1주일의 시간을 추가로 준다면 무엇을 할까?' 등의 질문을 해보자.

**6. 회의나 미팅을 마치기 전에 ISTP에게 의견을 꼭 물어봐주자.**

자신과 관련이 없거나, 친밀한 관계가 아니면 의견을 잘 말하지 않는다. 하지만 ISTP의 강점은 탁월한 관찰과 분석력이다. 그들은 이미 많은 관찰을 통해 자신만의 의견과 대안을 준비해 놓고 있을지도 모른다.

# ISFP: 따뜻한 감성을 가지고 있는 겸손한 사람들

| 성향 및 도움이 되는 행동 | 체크하기 |
|---|---|

**1. 감수성이 예민하기 때문에 부정적인 표현보다는 긍정적인 표현을 더 많이 사용하자.**

① 가장 겸손하면서도 가장 예민한 사람 중 한 명이다. 정서적으로 안정되게 대하며, 칭찬과 인정을 많이 해주자.

② 특히 부정적인 피드백을 할 때에는 장소와 표현에 신경 써야 한다. 칭찬과 함께 해야 하고, 리더와 회사가 ISFP에게 기대하고 있는 바를 꼭 알려주자.

**2. 타인에 대한 신뢰가 높고, 주어지는 정보를 있는 그대로 받아들인다.**

어쩌면 분석하고 비판적인 시각에서 정보와 사람을 들여다보는 훈련이 필요할 수도 있다. '안 되는 이유는 무엇인가?' '고객 또는 경쟁사라면 어떻게 생각할까?' '다시 한다면 이번에는 어떻게 할 것인가?' 등을 질문해보자.

**3. 자신의 의견을 더 표현할 수 있도록 질문하자.**

① 다른 사람의 욕구를 해결하고 채워 주기 위해 자신을 누르는 가장 착한 유형이다. 도와주는 것을 즐기지만, 도움을 받는 것은 어색해하기 때문에 일과 관련되어 도움이 필요한 부분은 언제든지 말해 달라고 자주 이야기해야 한다. 중요한 일의 경우에는 특히 함께 일하는 것이 중요하다는 것을 알려 줘야 한다.

② 상대에게 거절하는 방법에 대해서 훈련하도록 조언이 필요할 수도 있다.

**4. 다른 사람들을 도와주다가 자신의 중요한 우선순위를 놓치기도 한다.**

INFP와 동일하게 다른 사람들의 돌발적인 니즈를 해결해 주다가 자신의 중요한 일을 놓치기도 한다. 우선순위에 대한 확인이 필요하다. 심할 경우에는 매일 오늘 꼭 해야 하는 것을 물어보고 상기시켜 줘야 할 수도 있다.

**5. 사람들의 필요와 니즈, 그리고 현재 상태에 관심이 많다.**

'최근 도움이 필요한 사람은 누구인지?' '어려움을 겪고 있는 사람은 누구인지?' 등을 ISFP에게 물어보자. 동료에 대한 정보는 ISFP를 통해서 확보하면 좋다.

# INFJ: 사람과 관련된 것에 통찰력이 뛰어난 사람들

| 성향 및 도움이 되는 행동 | 체크하기 |
|---|---|

**1. 공동의 이익을 중요하게 생각한다.**

INFJ는 타인과 조직을 위해 무엇이 최선인지를 확인하고 리드해 간다. 하지만 타인 관점보다는 내가 생각하는 것 중심으로 실행한다. 조용하게 보이지만 확고한 신념이 있는 INFJ에게는 그 신념을 조직의 가치와 맞추는 작업이 필요하다. '회사의 비전과 당신의 비전은 어디에서 일치하고, 어디에서 일치하지 않나요?' '당신이 중요하게 생각하는 것은 무엇인가요?' '어떻게 하면 당신의 비전을 회사에서 실현할 수 있을까?' 등을 질문하자.

**2. 이상적인 생각에 빠질 수 있다.**

현실이 자신의 신념과 가치와 맞지 않을 때에는 현실을 무시하는 경향이 있다. 하지만 비즈니스에서는 현실이 더 중요할 수 있다. 현실적인 결과가 어떤 영향을 끼치는지 생각할 수 있도록 질문하자. '지금 과업이 진행되지 않고 있는 이유는 무엇인가요?' '그 일이 진행되지 않으면 어떤 결과가 본인과 팀에 올까?' 이 질문에 답하면서 스스로 현실을 생각하도록 도와주자.

**3. 논리적으로 자신의 의견을 좀 더 표현할 수 있는 기회를 준다.**

① 자신의 가치와 중요하게 여기는 부분, 아이디어와 그 아이디어의 중요성을 증명하는 근거 등을 표현하는 방법을 연습하자. 결론을 이야기하는 습관과 근거를 바탕으로 소통하는 부분을 학습해야 한다. 예) '어떤 결과가 예상되나요?' '비슷한 사례가 있었나요?'

② 정기적으로 다른 직원에게 피드백(인정, 격려, 지지/교정)하는 습관을 갖도록 조언하자.

### 4. 사람에게 관심이 많다.

타인의 복지와 동료를 돕는 일에 강한 욕구를 가지고 있을 뿐만 아니라, 탁월한 공감력을 바탕으로 타인의 정서나 의도, 선악을 무의식적으로 파악하기도 한다. 사람에 대한 의견을 물어보자. 그리고 그렇게 판단한 근거를 찾아보도록 과업을 주면 사람에 대한 다른 생각들을 들을 수 있고, 새로운 관점에서 동료들을 바라볼 수도 있다.

### 5. 비전이 일치할 때 강력해진다.

비전과 사명이 INFJ가 중요하게 여기는 사람에 대한 가치관과 동일해질 때 그 누구보다도 강력한 추진력을 갖게 된다. 삶에서 중요하게 여기는 가치관이 무엇인지, 이를 조직과 직무에 어떻게 연결할 수 있는지에 대해 1 ON 1 대화를 자주 나눠보자.

# INTJ: 전체를 조합하여 비전을 제시하는 사람들

| 성향 및 도움이 되는 행동 | 체크하기 |
|---|---|

**1. 너는 너, 나는 나, 상대의 독립성을 인정하는 만큼 자신의 독립성도 강하게 요구한다.**

① 팀과 팀의 비전, 목표에 대한 합의가 필요하다. 그리고 스스로가 이뤄야 하는 구체적인 목표 또한 합의를 해야 한다. 그렇지 않으면 자신이 인정하는 일이 나올 때까지 움직이지 않을 수도 있다.

② 비즈니스에서는 자신의 관점과 고객의 관점, 회사의 관점을 일치시켜야 하는 것이 기본임을 알려주자. 많은 소통이 필요할 수도 있다.

**2. 고집이 셀 수도 있다.**

① 목표만 합의가 된다면 그 누구보다도 인내심을 가지고 목표를 달성하려고 한다. 목표를 먼저 합의하자.

② 자신의 역량에 대한 자신감이 높다. 그래서 자신의 의견을 꺾지 않고 고집이 나올 수 있다. INTJ의 부족한 점에 대해 한 명의 생각이 아닌, 다양한 사람들의 평가를 알려주고, 본인이 생각하는 모습과 타인의 평가 간의 갭을 알려 줄 필요가 있다.

**3. 행동과 생각이 독창적이고, 직관과 통찰력이 있다.**

그들의 아이디어가 제대로 사용되기 위해서는 '현실 가능한가?' '그것을 실현하기 위해서는 무엇이 필요한가?' '그것이 이루어지면 어떤 이득이 생기나? (회사, 고객, 직원 관점)' 등의 질문이 필요하다. 만약 질문에 대한 답을 찾을 수 있다면 누구도 생각하지 못한 아이디어가 될 것이고, 답을 못 찾으면 비현실적인 아이디어가 될 수도 있다. 비즈니스에서는 실행했을 때 얻게 되는 현실적인 결과에 대해 관심을 갖도록 질문하자. 그리고 현실적이지 않다면 대화를 통해 과감하게 포기하도록 하자.

4. **독립성도 중요하지만, 팀워크도 중요하다. 소통을 과업으로 줘도 좋다.**

'최근 업무에 대해서, 업무 외에 대해서 누구와 대화를 한 적이 있나요?' '지금 실행하고 있는 일 또는 아이디어를 누구와 소통해 봤나요?' '누구의 의견을 들어봤나요?' 등을 질문해보자. 독립성도 중요하지만 팀워크를 위해 팀, 동료를 위해 무엇을 했는지, 어떤 기여와 도움을 주었는지를 INTJ가 스스로 정리할 수 있어야 한다.

5. **타인의 눈치를 보지 않고 자신의 의견을 표현한다.**

① INTJ에게 자신의 의견을 이야기할 수 있는 기회를 주자.

② 이야기할 때 관점을 명확하게 선정하자(얻고자 하는 목표, 매출/이익 관점, 회사에서 얻고자 하는 것, 고객의 니즈 해결 등).

# INFP: 이상적인 세상을 만들어 가는 사람들

| 성향 및 도움이 되는 행동 | 체크하기 |
|---|---|

**1. 생각이 많고, 이상적인 모습을 꿈꾸기도 한다.**

① 생각이 많아 확대 해석이 가능한 여지를 남기면 의도했던 바와는 다른 생각을 하게 된다. 얻고자 하는 확실한 목적을 알려주자. INFP는 말과 행간에 숨겨진 의미를 찾는 것과 숨기는 것을 좋아한다.

② 더 많이 행동 지향적이 되도록 독려하고, 덜 사고 지향적으로 생각하도록 조언하자. 간단히 말하면 덜 고민하고 현실적, 실제적인 아이디어를 내서 바로 실행하라는 의미다.

③ 그들의 이상적인 아이디어에 대해 현실 검증을 하자. 이상적인 모습을 그리다가 실행이 늦어지거나 포기할 수도 있다.

**2. 타인과 잘 친밀해진다.**

소통 전에 아이스브레이킹은 필수다. 미팅, 회의, 메일 모든 것에서 인사나 관계 맺는 대화 없이 바로 본론으로 들어가는 것을 부담스러워한다. 또한 나에 대한 예의와 친절, 매너를 중요하게 여기며 INFP 또한 상대에게 동일한 마음으로 행동한다.

① 타인과 라포를 빠르게 형성하고 친밀해진다. 사람들에 대한 정보를 얻고자 한다면 INFP를 활용해 보자.

② 대화 스킬을 배우도록 조언한다면 좀 더 탁월한 커뮤니케이션 전문가가 될 수 있다.

③ 다소 무뚝뚝해 보이기도 하지만, 감정을 적극적으로 표현하지 못할 뿐이다. 말을 먼저 걸어보면 세상 착하다.

### 3. 남들을 돕는 것을 즐긴다.

① 가장 만족감을 느낄 때는 다른 사람들의 문제를 해결해 주고 그들이 만족할 때다. 내가 상대에게 기여했다는 것을 깨달을 때 행복을 느끼는 사람들이기 때문이다. 누군가에게 도움이 되고, 그들의 성공에 기여했다고 이야기하면 동기부여가 잘된다.

② INFP에게 '최근 힘들어하는 사람은 누구인지?' '우리 직원들을 위해 꼭 필요한 것은 무엇인지?'를 물어보자. 사람들의 니즈를 잘 알고 있다. 해결책만 제시해 주면 스스로 해결해 나가기도 한다.

### 4. 우선순위를 꼭 기억하고 지키도록 훈련, 피드백해야 한다.

① 타인의 일을 해결해 주다가 내가 해야 하는 중요한 일을 놓치게 될 수도 있다. '오늘 꼭 해야 할 일은? 나의 중요한 우선순위는?' 우선은 자신의 우선순위를 먼저 하고 타인을 도와주도록 해야 한다. 이를 위해 반드시 해야 하는 중요한 일은 항상 볼 수 있는 곳에 글로 써서 붙여 둔다. 스케줄 관리를 잘하는 EJ에게 INFP의 중요한 스케줄도 관리하도록 해보는 것도 대안이다.

② 타인의 필요와 부탁을 거절할 수도 있어야 한다. 우선순위를 잘 보이는 곳에 적어두자.

③ 보완할 점을 찾으면 '○○○은 잘못한 거예요'보다는 '○○○으로 하면 더 좋은 결과가 나올 거예요'라는 긍정적인 표현을 더 선호한다.

# INTP: 비평적 관점을 가지고 있는 뛰어난 전략가들

| 성향 및 도움이 되는 행동 | 체크하기 |
|---|---|
| **1. 자신이 관심을 가지고 있는 영역에 대해서는 전문가 수준으로 학습한다.**<br><br>① INTP의 경우에는 최근에 관심을 가지고 있는 영역이 무엇인지를 먼저 물어보고, 그 이슈에 대해서 소통을 해보자. 그러면 이들은 누구보다도 더 많이 말하고, 열정적으로 변한다. 그들이 좋아하는 이야기를 할 수 있는 기회를 만들어 주는 사람에게 깊은 호감을 갖게 되기 때문에 이후에 원하는 이야기를 하면 된다.<br><br>② 반대로 자신이 관심을 갖지 않는 분야에는 전혀 시간을 쏟지 않는다. 다른 사람과의 소통과 관계를 위해서는 어느 정도 관심을 갖고 대화할 수 있도록 조언해주자. 같은 관점에서 개인적인 인간관계나 모임 등에도 관심이 없다. 그렇지만 팀으로 일하기 위해서는 '함께'가 중요하다. 최근에 누구와 대화를 하거나 식사를 했는지, 왜 그것이 필요한지 알려주자. | |
| **2. 토론을 좋아한다.**<br>중요한 소통이나 의견이 필요할 때 회의에 참석하도록 해보자. 단, 미리 회의의 주제를 알려 주고 생각해 올 수 있도록 한다. 논리적 사고를 좋아하고 잘하는 INTP의 생각이 도움이 될 수 있다. 집요하게 파는 성향이 있다. | |
| **3. 아이디어를 중요하게 생각한다.**<br>그러다 보니 실행이 늦어지기도 하고, 실현 불가능한 아이디어가 나올 때도 있다. 구체적인 실행 계획과 미리 예측할 수 있는 사례를 먼저 확인하자. 그리고 그것을 실행했을 때 어떤 결과가 예측되는지도 질문해 보자. | |

**4. 동료들을 인정하고 격려하는 습관을 갖도록 도와준다.**

INTP는 안 되는 이유를 먼저 생각한다. 그러다 보니 비판적이라는 오해를 받기도 한다. 타인의 노력과 수고를 인정하는 것이 필요한데, 이런 습관을 갖도록 조언하자.

**5. 가장 깊은 지식을 갖춘 사람일 수 있다.**

INTP의 고민과 지식의 깊이는 쉽게 측량하기 어렵다. 문제가 있다면 그들에게 분석과 대안에 대해 물어보자. 단, 현실적이도록 관점을 잡아줄 필요가 있다.

# ESTJ: 사무적, 실용적, 현실적으로 일을 많이 하는 사람들

| 성향 및 도움이 되는 행동 | 체크하기 |
|---|---|
| | |

### 1. 기준과 원칙을 지키려고 한다.

① 직원들의 다양한 상황과 감정에 대해서 반응하기보다는 지켜야 하는 규칙과 원칙을 더 중요하게 생각하기도 한다. 우수한 사람은 기준과 원칙, 프로세스를 지킨 사람이라고 여긴다.

② 타인의 관점에 주의를 기울이고 경청하려는 노력이 필요하다. 경청은 귀담아 듣는 것뿐만이 아니라, 그 사람의 상황, 강점, 약점을 모두 알고 그 사람 의견의 맥락을 파악하려고 노력하는 것이다.

### 2. 책임감이 강력하다.

① 나에게 주어진 목표, 우리 팀의 목표를 중요하게 생각하고 그것을 달성하기 위해 조직화한다. 과업을 나눠 주고 그들이 실행할 수 있도록 도와준다. 이런 조직화와 팀의 일정에 변화를 주거나 방해하는 것 자체에 스트레스를 받는다. 힘들고 계획을 바꾸는 게 어려워서가 아니다. 미리 계획할 수 있도록 변화가 있는 부분들에 대해서는 미리 알려주자. 데드라인과 가이드를 함께 주면 보다 빠르고 명확한 업무 처리를 기대할 수 있다.

② 결과물을 독촉하는 것을 싫어한다. '○○○ 하고 있어요?'라는 질문은 신뢰받지 못한다고 느낄 수도 있다. 그리고 이미 잘하고 있다.

③ 일뿐만이 아니라 개인에 대한 관심을 가져야 그 책임감이 더욱 확대된다는 것을 알려 줘야 한다. 성과를 달성하기 위해서는 팀워크가 필수이고, 팀워크를 위해서는 직원들끼리 업무 이외의 관계에서도 친해질 필요가 있다는 것을 상기시켜 주자.

### 3. 의사결정의 속도가 빠르다.

① 내가 알고 있는 분야라는 생각이 들 경우 어떻게 일이 행해져야
할지에 대해 의견을 너무 빨리 세우고 실행을 한다. 반대로 자신
이 알지 못하거나 경험하지 못한 것에서는 의사결정을 못하거나,
늦출 수 있을 때까지 늦춘다. 역량이 있는 믿을 수 있는 사람에게
위임하는 것도 훈련하자.

② 변화에 대해서는 부정적으로 받아들인다. 목표를 수행하는 데 방
해를 하는 것이기 때문이다. 하지만 참고할 만한 의견이나 다른
시각에서 좋은 제안이 오면 흔쾌히 적용한다. 결과에 도움이 된다
는 것을 알고 있기 때문이다. 많은 의견을 ESTJ에게 전달하자.

### 4. 과거 사례와 함께 업그레이드를 요구하자.

① 현재의 문제를 해결할 때 도움이 되는 과거 사례를 찾아보도록 하
면 실패를 줄일 수 있다.

② '최근에 업무를 위해 학습한 것은 무엇이고, 어떻게 적용했나요?'
'기존과 다르게 변화하는 것은 무엇인가요?' '이번에 달라지는 것
과 좋아지는 것은 무엇인가요?' 이런 질문을 통해서 업그레이드
를 요구해 보자. 성과가 잘 나지 않을 수도 있고, 새로운 시도를 못
할 수도 있다. 그래서 항상 학습을 할 수 있도록 도전적인 목표와
제안을 해줘야 한다. 그때 성장할 수 있다고 느낀다.

# ESFJ: 타인에게 현실적인 도움을 주고자 하는 사람들

| 성향 및 도움이 되는 행동 | 체크하기 |
|---|---|

**1. 타인과 이야기하고, 함께 일하는 것을 좋아한다.**

① 이야기하는 것을 좋아하는 ESFJ는 동정심과 동료애가 많다. 이들이 성과를 내도록 하기 위해서는 일 이외에 개인적인 내용이나 다양한 주제를 바탕으로 자주 수다를 나눠 보자. 친해지면 더 동기부여가 잘된다.

② 사람들에게 관심을 쏟고, 조화를 도모하는 일을 중요하게 여긴다. 팀 동료들에게 현실적으로 도움을 줄 수 있는 일들이 무엇인지 찾아보게 하고, 그것을 추가 과업으로 주는 것도 좋다. 그리고 '현재 힘들어하는 사람? 도움이 필요한 사람은 누구인가요?' 등 주변 사람들에 대해 물어보면 좋다.

③ '말이 많다' '너무 시끄럽고 목소리가 크니 조용히 좀 해라' '남 말하는데 끼어들지 마라' '너무 가볍게 이야기하지 말고, 내 말 좀 진진하게 들어줘'라는 말에 상처를 받는다. ESFJ에게는 외적으로 진지한 태도를 보여 줘야 할 때가 있다는 것을 알려주면 좋다.

**2. 타인과의 갈등과 불화, 무관심에 스트레스를 받는다.**

① 타인에게 'No'라고 말할 수 있도록 연습하고, 실제 리더와 동료들에게도 거절하는 것이 갈등이 아님을 알게 해줘야 한다.

② 타인과의 갈등과 충돌을 싫어해서 문제를 노출하고 해결하기보다는 회피하거나 감추려고 할 때도 있다. 문제를 감추거나 회피했을 때 더 큰 갈등과 문제가 발생한다는 것을 꼭 알려주자. '문제가 지금 해결되지 않으면 예상되는 문제는 무엇인가?' '해결 방법은?' '이것을 해결하려면 누구와 소통을 해야 하나?' 등 질문하자.

③ 동료들의 지지와 인정에 동기부여가 되지만, 반대로 무관심에 동력이 떨어진다. 일이 아니더라도 꼭 관심을 표현해 주자.

### 3. 조직 안에서는 과업 중심으로 일하도록 조언해 줘야 한다.

남들과 즐거운 시간을 보내다가 자신의 업무를 소홀히 할 수도 있다. 하지만 그 결과 스트레스를 받게 된다. 해야 할 일을 못했기 때문이다. 꼭 해야 할 일에 대해서 결과 중심으로 생각할 필요가 있다는 것을 알려 주자.

### 4. 칭찬은 ESFJ를 춤추게 한다.

'○○ 덕분에, ○○를 해줘서…'라는 말로 시작하는 칭찬은 ESFJ를 동기부여 시키는 말이다. 그들이 조금 더 몰입할 수 있도록 만들기 위해서는 'ESFJ의 ○○ 행동이 나와 우리 팀에 ○○○인 긍정적 영향을 줬어. 고마워'와 같이 ESFJ의 구체적 행동과 그 영향을 전달해 보자.

# ESTP: 친구, 운동, 음식 등 다양한 활동을 선호하는 사람들

| 성향 및 도움이 되는 행동 | 체크하기 |
|---|---|
| **1. 현실을 중요하게 생각하고, 임기응변에 강하다.**<br>돌발상황이 발생했을 때, 누구보다도 빠르게 대처하는 사람이다. 순간적으로 반응해야 하는 일이 생길 때에는 ESTP를 먼저 찾아보자. | |
| **2. 자주 급하게 몰아치기도 한다.**<br>임기응변을 자주 사용하면 사전에 계획하지 않고, 막판에 몰아서 일을 하는 경우가 생긴다. 결국 나뿐만이 아니라 관련된 다른 사람들에게도 재촉을 하게 된다. 중요한 과업은 미리 진도를 확인하면서 소통을 해주자. 모든 과업을 ESTP에게 위임하지 말고, 중요한 과업은 사전 계획을 조금 더 구체적으로 세우고 일정을 지켜가고 있는지 정기적으로 피드백하자. | |
| **3. 조금은 독단적으로 의사결정을 하고 실행을 할 때도 있다.**<br>솔직하게 표현하는 반면에 말이 너무 많아서 스스로도 말을 적게 하고 싶다고 이야기한다. 타인의 생각과 말에 귀를 기울일 수 있도록 경청하는 방법을 훈련하자. 그리고 타인의 의견을 얼마나 듣고 반영한 것인지 확인하자. 그렇지 않으면 ESTP는 자신의 의견에 따르도록 강요할 수도 있다. | |
| **4. 다양한 해결책을 찾아보게 장려하자.**<br>ESTP는 A는 꼭 이렇게 해야 하고, B는 꼭 이렇게 해야 한다는 규범을 적용하기보다는 누구나 만족할 수 있는 해결책을 찾고, 합의하여 실행하는 방법을 알고 있다. 'A와 B를 해결하기 위해 다른 방법은 없을까? 새로운 아이디를 사용한다면?'이라는 질문을 해보자. 특히 ESTP는 현실적인 문제 해결에 강점이 있다. 눈에 보이는 문제를 해결하도록 제안해 보자. | |

**5. 꾸준히 하고, 집요하게 하는 방법을 찾도록 도와주자.**

① ESTP의 약점은 실리를 따지다 보니 쉽게 문제를 해결하려고 하는 경향이 있다는 것이다. '지금보다 30퍼센트 더 잘하기 위해서는 무엇을 해야 하나?' '어떻게 하면 조금 더 나은 결과가 나올까?' 등 꾸준하게 성장할 수 있도록 하는 방법을 찾도록 질문하자.

② ESTP가 즐겁게 일할 수 있는 환경을 만들어주자. 그들은 현실적인 즐거움 속에서 동기부여가 된다.

# ESFP: 분위기를 고조시키는 우호적인 사람들

| 성향 및 도움이 되는 행동 | 체크하기 |
|---|---|

**1. 당면한 문제나 업무 처리에 충분한 시간을 투자하지 못하고 사교적인 일에 시간을 사용할 수도 있다.**

ESFP는 상대에 대한 호의와 팀워크를 중요하게 생각한다. 그러다 보니 과업과 일보다는 재미와 즐거움을 추구한다. 본인도 모르게 재미와 즐거움에 우선적으로 시간을 투자하고, 일과 과업을 몰아서 하는 경향이 있다.

① 중요한 우선순위는 수시로 생각이 날 수 있도록 미리 알려주면 좋다. 특히 시간 관리를 하도록 훈련해야 한다. '○○일까지 ○○에 대해서 정리하기로 했는데, 도와줘야 할 부분이 있을까요?'와 같은 질문을 해보자.

② 일과 개인 삶의 우선순위를 정리하도록 조언하자. 그렇게 함으로써 일과 삶을 분리할 수 있다.

③ 팀워크를 끌어 올리는 활동적인 이벤트를 기획하고, 실행하게 해보자. 이들은 분위기가 다운되는 것을 몹시 싫어한다.

**2. 위기관리 능력이 뛰어나다.**

재치 있고 긍정적이며 말을 잘하고, 환경의 변화에 언제나 개방적인 자세를 취한다. 그러다 보니 돌발적인 이슈들에 대해서도 크게 어려워하지 않고 반응한다. 이들의 신속한 대응력을 활용해 보자.

**3. 논리적인 생각과 근거를 바탕으로 하는 의사결정이 되도록 훈련해야 한다.**

ESFP는 사람 중심의 가치에 따라 의사결정을 내리곤 한다. 그러므로 동정적인 의사결정을 하기도 한다. 객관적, 논리적, 분석적인 기능을 육성하도록 ESFP가 의견을 제시할 때는 '그렇게 생각한 근거는 무엇인가?' '그렇게 진행을 하면 어떤 긍정적 결과와 부정적인 결과가 예측되나?' 등의 논리적으로 생각할 수 있는 질문을 해보자.

**4. 사교성과 현실적인 도움을 주는 ESFP의 강점을 활용하도록 조언하자.**

① 이들은 유행에 민감하다. 최근 유행하는 것들이 무엇인지, 요즘에 사람들이 관심 갖고 있는 것은 무엇인지 물어보자.

② 어떤 일을 하든지 사람들과의 협업, 소통을 먼저 생각하도록 조언해 보자. 즐거운 조직을 만들고, 그 안에서 일할 때 최고의 퍼포먼스를 이끌어 낸다.

③ 직접 체험하는 것을 좋아하고, 그렇게 할 때 이들은 더 빨리 배우고 학습한다. 학습 방식을 한번 확인해 보자.

# ENFJ: 타인의 성장을 도모하고 협동하는 사람들

| 성향 및 도움이 되는 행동 | 체크하기 |
|---|---|

**1. 상대의 니즈에 민감하게 대처한다.**

① 친절, 동정, 동료애가 강하기 때문에 동료들의 성장과 니즈에 민감하게 반응하고 대처한다. 고객, 업체, 동료들의 불만과 해결해줘야 하는 문제가 무엇인지 파악하는 과업을 주면 좋다.

② 강점이 될 수도 있지만, 약점으로 발현될 때는 사람에 대해 맹목적인 신뢰와 믿음을 줄 때다. 특히 리더가 되었을 때는 객관적인 근거를 바탕으로 부하 직원에게 신뢰와 위임을 해주는 것이 필요하다. '그 직원을 그렇게 평가한 이유는 무엇인가?' '그의 성과를 구체적인 숫자로 표현하면?'과 같은 질문을 해보자.

**2. 객관적인 근거와 대안을 찾도록 조언하자.**

일을 할 때 발생하는 논리적인 결과들을 미리 생각하고, 근거, 원인과 결과에 대해 예측하는 훈련을 해야 한다. '그렇게 생각한 이유는 무엇인가?' '그의 아이디어를 채택해야 하는 근거는 무엇인가?' 등의 질문을 하자.

**3. 나의 소명, 비전 그리고 내가 가치 있게 여기는 것을 침범당하면 동기부여가 떨어진다.**

'당신이 가장 중요하게 생각하는 부분은 무엇인가?' '현재 가치 있는 일을 하고 있는가?' '그렇다면 그 일은 어떤 의미가 있나?' '그렇지 않다면 어떻게 도움을 주면 될까?' 등의 질문들을 통해 스스로 가치 있는 일을 하고 있음을 증명하게 해보자.

**4. 사람에 대한 관심만큼 일과 목표에 대해서도 관심을 갖도록 일과 사람을 매칭시켜 주자.**

일보다 사람 중심이 ENFJ가 가지고 있는 가치관이다. 이들에게는 일에서의 성공, 과업의 달성이 곧 사람의 성장이고 그 사람의 가치를 올려 주는 것이라는 것을 일깨워 주자. 그들의 목표가 과업을 달성하는 것이 아닌, 그 과정을 통해서 사람을 성장시키는 것이라고 믿게 해주면 사람의 성장을 중요하게 생각하는 ENFJ에게는 동기부여가 될 수 있다.

# ENTJ: 크고 높은 비전을 가지고 끝까지 달성해 가는 사람들

| 성향 및 도움이 되는 행동 | 체크하기 |
|---|---|

**1. 중요하고 장기적인 일에 관심을 갖는다.**

① 커다란 목표를 달성하기 위해 중요한 일, 장기적으로 크고 놀라운 일에 관심을 갖는다. 현재 하고 있는 일이 그런 일인지를 확인해보자. '지금 하고 있는 일은 당신을 설레게 하는가?' '지금 하고 있는 일이 회사에는 얼마나 중요한 일이라고 생각하나?' '하고 싶은 일이 있나?' ENTJ가 느끼기에 작은 일이라는 생각이 든다면 그는 지금 동기부여가 되어 있지 않은 상태다.

② 반대로 목표와는 상관없는 작은 일들에는 신경을 쓰지 않는다. 그러다 보니 주변 동료들에게 혼자만 중요한 일을 한다고 불평을 들을 수 있다. 내가 하고 있는 일뿐만이 아닌, 다른 직원들이 맡고 있는 일도 조직 관점에서 중요하다는 것을 알려 줘야 한다.

③ 지금 내가 맡고 있는 일이 조직에서 작은 역할이라는 생각이 든다면 이때에는 미래 지향적인 부분으로 소통을 해주자. 지금은 작더라도 이 일로 ENTJ가 어떻게 성장하고, 후에 어떤 역할을 맡게 될 것인지, 그리고 지금 과업이 얼마나 중요한 일인지를 알려주자.

**2. 목표를 달성하는 방법은 다양하다는 것을 알려주자.**

① ENTJ는 목표를 달성하기 위해서 일부의 희생은 어쩔 수 없다고 생각한다. 그리고 해결 대안을 너무 직접적으로 사용하고, 일이 진행되지 않을 때 스트레스를 심하게 받는다. 그런데 간혹 자신의 너무 빠른 의사결정과 실행 때문이라는 것을 모를 때도 있다.

② ENTJ가 선택한 방법보다 더 나은 방법이 있고, 다른 사람들의 도움이 필요하다는 것을 인정하도록 조언해주자. '이 방법으로 문제를 해결한 사례가 있나?' '그들은 어떤 성공과 실패를 경험했나?' '그 사례와 우리의 환경 중 비슷한 것과 다른 것은?'

**3. 다양한 사람들의 이야기를 들을 수 있도록 조언한다.**

① 현실이 안고 있는 문제를 있는 그대로 볼 수 있어야 한다. 그렇게 하기 위해서는 다른 직원들의 이야기를 많이 들어야 한다. 과업을 줄 때 다른 사람들의 의견을 포함하여 결과를 내도록 가이드를 잡아 주면 좋다. '모든 직원들의 의견이 반영된 ○○○을 만들어 주세요.' '○○○ 고객의 입장에서 만족한 상품이 나오도록 해주세요.'

② 자신과 타인의 강점에 관심을 가지고 자신과 타인의 관심과 느낌, 감정을 모두 인정할 수 있게 하기 위해 대화가 필요하다.

# ENFP: 열정적으로 새로운 관계를 만드는 사람들

| 성향 및 도움이 되는 행동 | 체크하기 |
|---|---|

**1. '생각 증후군'에 빠질 염려가 있다. 생각을 끊고 실행할 수 있도록 조언하자.**

특히 사람과 관련된 문제에 대해서는 생각에 생각이 연결되고 결론이 나지 않는 상황에 처할 수 있다. 그러다 보면 모든 문제는 같은 비중으로 중요해질 수밖에 없다. 꼬리를 무는 생각을 잠시 중단하고 '지금 주어진 환경 안에서 필요한 것이 무엇인가?' '지금 당장 해결해야 하는 부분이 무엇인가?'란 질문을 통해 현재 시점에서의 문제 해결에 집중하도록 도와줘야 한다.

**2. 우선순위와 스케줄을 확인하자.**

하고 있던 일을 마무리하기 전에 호기심이 발동하면 일이 마무리되기 전에 다른 일을 한다. 특히 사람과 관련된 일이나 즐겁고 신나는 일에는 더욱 호기심을 발동한다. 그러다 보면 꼭 해야 하는 과업이나 목표를 잃어버리게 되니 중요한 일은 믿고 맡기기보다는 지속적으로 중간 점검을 통해 확인해야 한다. '이번 달, 오늘 우선순위는?' '○○일이 스케줄에는 어떻게 반영되어 있나?' '언제 소통이 가능한가?' 등에 대해서 우선순위를 결론지을 수 있도록 질문을 하자.

**3. 멀티태스킹을 할 수 있다.**

ENFP는 한 번에 두 가지 이상의 일을 할 수 있다. 장점이 되기도 하지만, 지나친 과업의 확장은 독이 되기도 한다. 여력이 있다면 2~3가지 일을 동시에 할 수 있도록 제안해도 된다. 하지만 너무 중요하고 큰 일은 스케줄 관리를 못하는 약점이 있기 때문에 한 번에 한 가지 일을 하도록 조언해야 한다. '지금 어떤 과업을 어떻게 하고 있나?' '그 과업은 약속한 스케줄에 맞게 움직이고 있나?' 등 리더의 입장에서 우선순위를 정해 줘야 할 수도 있다.

### 4. 기준과 원칙을 준수하도록 가이드한다.

창의적인 아이디어가 있다는 장점도 있지만, 기준과 원칙이 아닌 내가 좋아하는 스타일로 일하기도 한다. 자율권은 존중되어야 하지만 꼭 지켜야 하는 기준과 원칙도 있다는 것을 알려주자. 예를 들어 '그렇게 판단한 근거는 무엇인가?' '그대로 하지 않으면 어떤 문제가 발생하나?' '과거 비슷한 사례가 있었나? 그때는 어떻게 의사결정을 했었나?' 등의 질문을 해보자.

### 5. 경청을 하면 더 깊은 관계를 맺을 수 있다.

ENFP는 호기심이 풍부하다. 그래서 내가 좋아하는 사람들에게 가능한 한 도움을 주고 싶어한다. 다만 한가지, 대화할 때 내 이야기를 조금 줄이고 경청하는 훈련을 해보면 상대방이 더 나를 신뢰하게 된다. 말하고 싶은 내 생각과 이야기를 조금 줄여보자.

# ENTP: 풍부한 상상력을 가지고 새로운 것에 도전하는 사람들

| 성향 및 도움이 되는 행동 | 체크하기 |
|---|---|
| **1. 항상 새로운 방법을 찾고, 새로운 시도를 한다. 그래서 혁신을 할 수 있다.**<br><br>ENTP에게 방법과 대안, 새로운 아이디어가 있는지 물어보거나 새로운 아이디어를 찾아오도록 과업을 부여해 보자. 그리고 그들의 이야기가 실현 가능하도록 구체화해 보자. 이때 실제 사례를 찾는 것이 다른 유형들을 가장 빠르게 이해시키고 적용하도록 돕는다는 것을 알려주자. | |
| **2. 인정, 칭찬, 격려, 동의 그리고 감사가 ENTP를 움직인다.**<br><br>① 능력은 ENTP에게 가장 중요한 부분이다. 능력이 없거나 어리석어 보이는 것을 싫어하는 수준을 넘어 두려워하기까지 한다. 그렇기 때문에 잘하고 있는 부분에 대한 인정, 격려 그리고 공식적인 칭찬이 이들에게는 필요하다. 창의적인 아이디어를 냈는데, 만약 현실적이지 않다고 무시를 당하거나 핀잔을 받는다면 ENTP의 동기부여는 없어진다고 보면 된다. 보이지 않는 가능성도 중요하게 보자.<br><br>② ENTP는 능력이 없는 사람을 무시하기도 한다. 인간 본연에 대해 인정하고, 그들이 성장하도록 기회를 주는 리더십에 대해 알려주자. | |
| **3. 자신의 실수를 인정하도록 조언하고 나와 함께 일하는 사람들의 성장을 이끌어 내는 것을 칭찬해주자.**<br><br>실수는 무능력이 아님을 알려줘야 한다. 실수는 성장을 위해 꼭 거쳐야 하는 것이고, 실수 이후의 행동이 그 사람의 능력을 판단하는 것임을 주지시킨다. 또한 ENTP가 상대의 실수도 인정해 주고 그것을 통해 성장하도록 상대에게 기회를 주는지 확인하고 조언하자. | |

### 4. 다양한 사람들과 의사소통을 하도록 조언한다.

ENTP는 완벽하게 결론이 내려졌다고 생각하지만, 주변 사람들은 반대할지도 모른다. 결론을 내리기 전에 다양한 사람들의 의견을 물어봤는지 확인하자. 그들의 의견과 다양한 자료들을 바탕으로 근거를 만들고, 현실적인지에 대해서 스스로 피드백을 할 수 있어야 한다. 이것은 ENTP를 지적하는 것이 아니라 더 좋은 결과를 내기 위함임을 알려주자. 자신보다 뛰어난 사람의 말에만 귀를 기울이는 것이 ENTP가 유의해야 할 점이다.

### 5. 마지막까지 책임지려는 태도가 필요하다.

ENTP는 새롭고 크고 놀라운 일들을 남들보다 쉽게 시작할 수 있다. 시작이 반이라는 말이 있듯이 시작은 빨리 하지만 다른 호기심이 생기면 하던 일을 마무리하지 않고 사라진다. 일을 시작하는 것만큼 마무리도 중요하다는 것을 알려줘야 한다. 그리고 시작한 일에 끝까지 함께하지는 못하더라도 ENTP가 관심을 갖고 지속적으로 도움을 주도록 하자. 조금씩 시간을 내서 기존의 과업을 수행하는 직원들과 소통하고, 그들의 필요와 니즈에 도움을 주는 형태로 관심이 이어지도록 해주면 좋다.

# 내 리더의
# MBTI 파악하기

내가 가진 타고난 강점으로만 조직을 운영하는 CEO는 편할 수 있다. 내게 가장 편안한 것이 바로 선호하는 특징이고, 그 방식으로 일하고 있기 때문이다.

반대로 내가 선호하지 않는 특징으로 일하는 CEO는 불편하다. 나와 다른 의견과 반대 의견도 들어야 하고, 내가 이해하지 못하는, 아니 불편한 방식으로도 일을 해야 하기 때문이다. 하지만 그 CEO와 함께 일하는 다른 특징을 가진 구성원들은 '나를 존중해 주는 리더'라고 생각하며 나와는 다르지만 따르겠다고 말하는 구성원들이 많아질 수도 있다. 팀장과 임원도 마찬가지다.

그런데 리더라면 스스로에게 질문을 던져볼 필요가 있다. '어떤 리더가 될 것인가?'라는 질문을 받았을 때 '내가 선호하는 유형으로 생각하고 행동할 것인가? 나와는 다른 유형으로 생각하고 행동할 것인가?'에 대해 스스로 결정하고 행동할 수 있어야 한다. 내가 불편한 방식에 무조건 맞추는 것 또한 정답은 아니다. 나는 그 또한 선택의 영역이며, 그것이 리더의 행동인 '리더십'이라고 생각한다.

만약 ENTJ CEO가 자신이 타고난 선호 특징대로 리더십을 발휘하면 어떤 강점이 있을까? 구체적인 비전과 미션이 있고 변하지 않는 집요한 실행을 중요하게 여기면서 구성원들은 하나의 목표를 향해 나아갈 수 있다. 회사의 모든 리소스를 공유하는 목적(Common Purpose)에 집중할 수 있고, 그 목표를 달성하기 위한 CEO의 지원도 받을 수 있다. 그래서 '명확한 철학과 집요하게 성과를 만들어내는 리더'로 기억될 수 있다. 반대로 CEO가 가지고 있는 명확한 방향성과 반대되거나 다른 의견이 있을 때 CEO를 설득하는 것이 쉽지 않을 수 있고, 회사가 다른 목표로 변화(Pivot)하는 것도 쉽지는 않을 수 있다.

그런데 모두가 MBTI 유형대로 동일한 리더십을 가진 것은 아니다. 실제 한 기업의 A CEO는 ISTJ 유형으로 위임을 하기보다는 마지막 자료 하나까지 확인하고, 자신이 직접 만드는 모습들을 보여 주곤 했다. 구성원들과 미팅하며 자신이 만들 보고서에 기록할 내용들을 확인하였고, 자신이 모르는 실행 계획은 결코 승인하는 경우가 없다.

반면 B CEO는 A와 같은 ISTJ이지만, 합의한 내용에 대해서는 간섭하지 않는 리더십을 보여 주고는 했다. 대신 결과물이 나왔을 때 객관적이고 명확한 피드백을 주었다. A와 B의 행동은 모두 ISTJ 리더들이 주로 보여 주는 행동이지만, 구성원들에게는 두 리더의 리더십이 다르다고 느껴질 것이다. 같은 유형이지만, 자신이 어떤 행동을 주로 하는지에 따라 다른 리더로 보일 수도 있다는 의미다.

또 ESTJ CEO 중 목표한 성과를 만들어 내기 위해 빠르게 의사결정을 하면서 숫자의 변화를 매주, 심하면 매일 피드백 받는 분도 있었고, 잘하는 팀장들에게 각각 과업을 위임하고 본인은 뒤에서 지원해 주는 행동을 하던 CEO도 있었다. 중요한 것은 유형으로 구분하는 것이 아니라 리더가 어떤 행동을 주로 하는지, 그 행동이 조직과 구성원들에게 어떤 영향력을 주는가를 파악하는 것이다.

리더의 모습도 과거의 일률적 모습과는 많이 달라졌다. 예전에는 대기업의 경우 리더십 특징이 비슷했는데 지금은 다양한 형태로 빠르게 변화하고 있다. 예를 들어 한 대기업의 인재 발탁 추세를 보자. 41명의 CEO를 분석해 보니 나름 젊은 인재를 빠르게 등용하는 편이었는데, 1970년대 이전에 태어난 CEO 20명과

1980년대 이후 태어난 CEO 및 CEO 후보 21명을 비교해 보니 다음과 같은 데이터가 나왔다. ESTJ와 ISTJ 유형은 줄어들고, INTJ, ENTP, ESTP, ESFJ와 같은 다양한 유형의 CEO와 리더들이 등용되기 시작한 것이다. 작은 모수이지만 이제는 조직들도 변화하는 시대에 살아남기 위해서 다양한 CEO를 통해 자신들의 문화와 리더십에 맞는 다양성을 찾아가려는 것은 아닐까 하는 생각을 해보게 되었다.

### A 대기업 70년대 이전 태생 CEO 20명의 MBTI

| ISTJ | ISFJ | INFJ | INTJ | ISTP | ISFP | INFP | INTP |
|------|------|------|------|------|------|------|------|
| 25%  |      |      |      | 10%  |      |      |      |
| ESTJ | ESFJ | ENFJ | ENTJ | ESTP | ESFP | ENFP | ENTP |
| 45%  |      | 5%   | 15%  |      |      |      |      |

### A 대기업 80년대 이후 태생 CEO 및 후보 21명의 MBTI

| ISTJ | ISFJ | INFJ | INTJ | ISTP | ISFP | INFP | INTP |
|------|------|------|------|------|------|------|------|
| 14%  |      |      | 5%   | 5%   |      |      |      |
| ESTJ | ESFJ | ENFJ | ENTJ | ESTP | ESFP | ENFP | ENTP |
| 38%  | 5%   |      | 24%  | 5%   |      |      | 5%   |

# 내 리더의 MBTI 리더십 분석하기

이번 워크시트를 하기 전에 앞에서 말한 'MBTI 사분할로 보는 리더십 유형'을 함께 읽길 권한다. 그러고 나서 나와 함께 일하고 있는 리더의 행동을 떠올려 보거나 기록해 보면서 적용점을 찾아 보셨으면 좋겠다. 가장 좋은 것은 전문가를 통해서 '함께 Form Q 전문 해석'이라는 MBTI 도구로 진단해 보는 것이다.

유의할 점은 아래 MBTI로 분석하는 리더십이 정답이 아니고, 모든 리더가 이렇게 행동하는 것은 아니라는 것이다. 단정 지으며 생각하기보다는 내가 함께 일하는 리더의 특징을 함께 고민하면서 함께 일하는 도구로 활용해 보면 좋겠다.

**MBTI 사분할**

| | | | |
|---|---|---|---|
| ISTJ | ISFJ | INFJ | INTJ |
| | **IS** | | **IN** |
| ISTP | ISFP | INFP | INTP |
| ESTP | ESFP | ENFP | ENTP |
| | **ES** | | **EN** |
| ESTJ | ESFJ | ENFJ | ENTJ |

## 내 리더의 MBTI 유형은? _____

| 구분 | 구체적인 행동 | 유지/변화가 필요한 행동 |
|---|---|---|
| 리더십 강점 | | |
| 리더십 약점 | | |

# MBTI로
# 팀의 강점과 약점 알기

MBTI를 조금 더 깊게 사용하다 보면 팀 단위로의 강점과 약점을 찾게 되기도 한다. 이 과정을 통해서 우리 팀의 일하는 방식과 규칙을 정해볼 수도 있다. 만약 팀 단위로 MBTI를 알고 있다면, 팀의 MBTI를 해석해 보는 시간을 가져보길 추천한다.

중요하게 봐야 하는 것은 첫 번째는 전체 구성이고, 두 번째는 리더와 영향력 있는 시니어다. 같은 비율이라 하더라도 어떤 유형을 가진 구성원이 더 영향력이 있는가에 따라 팀의 경향이 달라지기 때문이다. 이 부분에선 실제 전문가의 코칭이 있어야 더 정확하기 때문에 여기서는 리더만 MBTI를 구분해서 보겠다.

# 팀 MBTI 분석

팀원 _____명, 리더 유형 _____

| E | I | S | N |
|---|---|---|---|
| \_\_\_% | \_\_\_% | \_\_\_% | \_\_\_% |

| T | F | J | P |
|---|---|---|---|
| \_\_\_% | \_\_\_% | \_\_\_% | \_\_\_% |

| ISTJ | ISFJ | INFJ | INTJ | ISTP | ISFP | INFP | INTP |
|---|---|---|---|---|---|---|---|
| \_\_명 | \_\_명 | \_\_명 | \_\_명 | \_\_명 | \_\_명 | \_\_명 | \_\_명 |
| \_\_% | \_\_% | \_\_% | \_\_% | \_\_% | \_\_% | \_\_% | \_\_% |

| ESTJ | ESFJ | ENFJ | ENTJ | ESTP | ESFP | ENFP | ENTP |
|---|---|---|---|---|---|---|---|
| \_\_명 | \_\_명 | \_\_명 | \_\_명 | \_\_명 | \_\_명 | \_\_명 | \_\_명 |
| \_\_% | \_\_% | \_\_% | \_\_% | \_\_% | \_\_% | \_\_% | \_\_% |

**강점**
- 
- 
- 
- 

**약점**
- 
- 
- 
-

# MBTI를 팀에서 활용하는 법

우리가 팀을 이뤄 일을 할 때 좋은 기억만 가지고 있는 경우는 없다. 불편했던 경험, 서로 맞지 않았던 상황들이 더 많을 수도 있다. 그런데 문득 그렇게 불편했던 시간을 회피하면서 쌓아두고 있지는 않은가라는 생각을 하게 된다.

나 역시 MBTI 팀 워크숍을 하게 된 이유가 뛰어난 재능과 실력을 갖춘 동료들이 있는 팀에서 서로를 이해하려는 소통이 없었던 모습을 보며 그 부분을 해결하고 싶다는 생각을 가지게 되었기 때문이다. 탁월한 팀원들이 모여 바보 같은 결과를 내는 가장 좋은 방법은 '혼자서 일하는 것'이기 때문이다.

심리적 안전감(Psychological Safety)이 없는 조직에서 가장 먼저 해야 할 부분이 '서로의 특징과 다름을 이해하는 것'이기에 나는 고민 끝에 MBTI 워크숍을 준비하게 되었다. 이때 포인트는 '언제 좋았나? 불편했나?'라는 오픈형 질문이 아니라 조금은 구체화된 질문을 던지는 것이다.


**워크숍에서 나누면 좋은 질문들**

① 계획했던 시간보다 늦게 자료가 전달되면 어떤 느낌인가?

② 회의 시간에 어떻게 행동하려고 하는가? 불편한 행동은?

③ 처음 만나는 사람에게 어떻게 행동하는 것이 편한가?

④ 프로젝트를 처음 맡게 되었을 때 어떤 행동을 먼저 하는가?

⑤ 일을 할 때 즐거운 시점은 언제인가? 반대로 즐겁지 않은 시점은 언제인가?

⑥ 의사결정을 할 때 기준은 무엇이었나? 고려하지 않는 기준은 무엇인가?

⑦ 동료 앞에서 발표나 의견을 낼 때 어떤 마음이 드나? 어떤 준비가 필요한가?

⑧ 피드백 대화를 나눌 때 어떤 분위기가 가장 편안한가?

⑨ 우리 팀의 가장 큰 강점은 무엇인가? 약점은 무엇인가?

⑩ 리더의 가장 큰 강점은 무엇인가? 약점은 무엇인가?

우리 팀의 리더와 동료들의 MBTI 구성표를 작성할 때 우리 팀이 가진 강점과 약점을 파악해 보는 것도 좋다. 팀 워크숍을 진행할 때 가장 좋은 피드백은 '내가 선호하는 행동과 내가 불편하게 여겼던 비선호하는 행동을 동료들에게 조금은 편하고 솔직하게 이야기할 수 있는 분위기가 조성되어서 좋았다'였다.

MBTI로 인해 실패와 자신이 부족했다고 느끼는 부분이 '내가 타고난 고유한 특징' 중에 하나라는 것을 인지하면 전보다는 조금 더 편하게 약점을 노출하고 피드백을 할 수 있게 된다. 심리적 안전감이 생기게 되는 것이다.

MBTI가 만능은 아니지만, 어떻게 활용하느냐에 따라 대화의 물꼬를 터주는 강력한 도구가 되기도 한다. 그래서 새로운 팀장이나 팀원이 왔을 때 MBTI 워크숍을 통해 팀워크를 향상시킬 것을 권한다.

참고로 MBTI 전문가를 찾으려면 한국 MBTI 연구소(www.mbti.co.kr)의 '지역 일반 강사' 채널에 들어가 서울, 부산, 대구, 인천, 광주, 경기 및 전국 지역별 강사를 검색하면 확인할 수 있다.

# 관계를 더 좋은 방향으로 이끄는
# MBTI

    MBTI는 사람을 정의하는 도구가 아니라, 어떻게 생각하고 행동하면서 내 일과 삶, 관계를 내 목표를 향해 더 좋은 방향으로 끌고 갈 수 있을까를 결정하는 데 도움을 주는 도구라고 생각한다.

    즉 끌려가는 것이 아니라, 더 주도적으로 살아가는 삶을 의미한다. 주도적이라는 표현 자체가 '내 마음대로 사는 것'이 아니라 나에게 맞추든, 남에게 맞추든 그 결정을 내가 한다는 의미라고 생각하면 좋을 것 같다.

    그렇게 내 삶에 대한 주도권을 내가 가지기 위해서 가장 필요한 두 가지가 바로 '나와 남을 이해하는 것'이고, '내 삶과 일의 목표를 설정하는 것'이다. MBTI는 이 중에서 나와 남을 이해하는 도구가 된다.

그래서 MBTI가 정답을 찾는 도구가 아니라 더 나은 답을 찾아가는 도구로 사용될 때 가장 가치 있는 도구가 되지 않을까 생각한다. 현실에는 우리들의 소통을 방해하는 여러 가지 요인이 있다.

① 바쁘다는 핑계와 그게 내 성격이라는 변명을 대며 소통의 기회를 만들지 않을 때

② 감각형/직관형, 사고형/감정형 등 자신이 편한 유형의 언어만을 사용하면서 자신이 생각과 관점만을 중요하게 여기는 대화를 할 때

③ 갈등과 오해가 쌓여 서로의 관계가 좋지 않을 때

④ 서로가 다른 성격을 가지고 있다는 것을 인정하지 않을 때

⑤ 앞의 ①~④가 모여 서로에게 편견이 생겼을 때

어쩌면 MBTI는 소통을 방해하는 다섯 가지 요인을 조금씩 낮춰 주는 효과를 가지고 있다고 생각한다.

① MBTI를 주제로 잠시라도 편안한 대화를 할 수 있도록 기회를 제공

② 사고형과 감정형이 서로가 중요하게 여기는 관점을 공유하고 이해할 수 있도록 도움

③ 소통을 통해 서로의 행동과 일하는 방식이 다를 수 있다는 것을 이해

④ 성격의 차이는 타고난 부분과 환경적으로 영향을 받은 부분이라는 것을 인정

⑤ 서로에 대한 편견을 줄여 주는 역할을 하는 것

리더와 구성원, 동료들 간에 소통이 멈추면 어떤 조직이 될까? 아무리 생각해도 나는 '망하는 조직' '개인의 성장이 멈춘 조직' '출근길이 행복하지 않은 조직' 외에는 떠오르지 않는다. 그리고 지금은 한 명의 슈퍼맨이 조직을 이끌어 갈 수 있는 시대가 아닌, 서로가 가진 지식과 경험을 공유하고 함께 학습하며 집단으로 성장하고 성공해야 하는 시기다. 또 점점 더 그런 사회로 바뀔 것이다. 이때 우리가 알아야 하는 것은 바로 '한 사람에 대해 관심을 가지고 그 사람을 이해하는 것'이지 않을까 생각한다.

CEO든, 리더든, 아니면 팔로어든 이제는 사람을 이해하는 사람이 더 큰 영향력을 가지게 되는 시기가 되어가고 있으니까.

# MBTI가 말하는 적성이 무조건 맞을까?

MBTI에 대한 가장 많은 질문이 바로 MBTI 유형별로 추천하는 적성이 무조건 맞냐는 것이다. 예를 들어 MBTI 유형별로 추천하는 직업을 가져야 성공할 수 있고 약점을 가진 직무는 하면 안 되는지 궁금해한다. 그런데 무조건 타고난 성격대로만 해야 하고 반대의 방식으로 성공할 수는 없을까?

운동선수를 예로 들어 설명해보겠다. 전 세계적으로 왼손잡이는 10퍼센트 정도 된다고 알려져 있다. 그런데 야구 선수 중에 왼손 투수는 30퍼센트 정도 되고, 어떤 팀이든 같은 역량이면 왼손 투수를 더 선호하는 경향을 보인다. 구속 150킬로미터를 던지는 왼손 투수는 지옥에서라도 데려와야 한다는 이야기도 있는데, 이유는 간단하다. 야구에서는 오른손보다 왼손 투수가 더 유리하기 때문이다. 자주 접하기 어려운 왼손 투수들을 만날 때면 타자들이 타이밍을 잡기 어려워하고, 자주 접하는 오른손 투수와는 공의 회전 등이 반대이기 때문이다. 그렇다면 야구라는 직업과 투수라는 직무에서 탁월한 성과를 내려면 왼손으로 연습해서 왼손 투수가 되면 되지 않을까라는 생각을 할 수 있다. 우리가 잘 아는 류현진 선수가 바로 그 예다. 세계 최고 투수 중 한 명인 류현진 선수는 왼손 투수다. 그런데 타석에 설 때는 오른쪽 타석에 선다. 이유는 간단하다. 원래 류현진 선수는 오른손잡이인데, 아버지의 영향으로 어릴 적부터 왼손으로 공을 던지는 훈련을 해왔기 때문이다. 이유는 위에서 언급한 대로 야구에선 왼손 투수가 유리하기 때문이다.

만약 '우리는 강점에 맞게 살아야 해. MBTI 유형대로 생각하고 행동해야 해'라는 관점을 가지고 있다면 류현진 선수는 어릴 적부터 타고난 특징인 오른손으로 훈련하고 공을 던졌어야 한다. 하지만 류현진 선수는 그와는 반대로 왼손을 훈련했고 지금의 성공을 거두었다. 내가 타고나지 않은 다른 부분을 강화해서 성공할 수도 있다는 것을 보여 주는 예라고 생각한다. LG 트윈스의 유격수이자 주장인 오지환 선수도 오른손잡이로, 수비할 때 공은 오른손으로 던지지만 타석에서는 왼쪽에 선다. 이유는 왼손 타자가 1루에 더 가까워서 출루 확률이 더 높기 때문이다. 세계적인 테니스 선수인 나달 또한 오른손잡이지만 왼손으로 라켓을 쥔다. 야구의 경우처럼 왼손잡이 선수가 더 유리하기 때문이다.

MBTI에서 나의 유형은 오른손잡이와 왼손잡이처럼 타고난 특징이라고 생각할 수 있다. 예를 들어, 오른손잡이로 타고난 사람을 ISTJ라고 대입해 볼 때 내향(I), 감각(S), 사고(T), 판단(J)은 각각 오른손으로 사용하는 것이라고 생각할 수 있고, 외향(E), 직관(N), 감정(F), 인식(P)의 특징들은 왼손을 사용하는 것이라고 생각할 수 있다. ISTJ의 행동과 생각은 익숙하고 편안하고 잘할 수 있지만, ENFP의 행동과 생각은 불편하고 어렵다고 여길 수 있다는 의미다.

그런데 ISTJ가 반드시 ISTJ의 패턴대로만 행동하고 생각하는 것은 아니다. 반대인 ENFP의 행동과 생각을 훈련하고 연습하면 류현진이나 나달처럼 성공할 수도 있다는 이야기다. 단, 반대로 훈련해서 최고가 될 수 있는 사람은 그리 많지 않다는 것을 인정할 필요는 있다. 오른손잡이가 오른손으로 1시간 훈련할 때와 같은 강도와 시간으로 왼손을 훈련할 때 어떤 손이 더 단련되는지를 생각해 보면 이해하기 쉽다.

일을 할 때도 동일하다. 일에서 성공하는 방법은 그 일을 잘하는 다양한 방정식을 찾아내는 것이고, 그 방정식을 내가 가진 강점으로 어떻게 할 수 있을까를 고민하는 것이 먼저다. 하지만 내가 가지지 못한 약점, 내가 조금 불편하게 생각하는 부분도 학습하고 훈련하면 강화시킬 수 있다는 의미이기도 하다. 일을 잘하는 방법은 하나가 아니라는 것, 그것만 우리가 인식할 수 있다면 조금 더 다양하게 성장할 수 있는 방법을 찾아볼 수 있지 않을까 한다.

# MBTI를 유용한 도구로 사용하는 법

외향형은 모르는 사람들이 모인 곳에 가게 되면 자신을 잘 소개하고, 빠르게 적응하는 모습을 보여준다. 먼저 커피나 점심을 먹자고 요청하기도 하고, 모르는 부분을 적극적으로 물어보기도 한다. 그런데 이런 적극적인 행동을 너무 산만하고, 불편하게 여기는 사람들도 있다. 반대로 내향형은 혼자서 컴퓨터를 보며 집중하는 모습을 보이며 선뜻 먼저 다가서는 것을 불편하게 여기기도 한다. 누군가가 와서 먼저 말을 걸어주면 편하게 대화를 나누지만, 먼저 모르는 사람과 대화하자고 신청하는 것은 불편해하기도 한다. 그래서 '샤이하다' '시크하다' '우리 팀에 적응을 잘 못하는 것 같다' 등의 오해를 받기도 한다.

이렇게 새로운 멤버가 적응하는 데 도움을 줄 수 있는 방법은 무엇이 있을까? 나는 MBTI 워크숍을 함께 하는 것을 추천한다. 그 이유는 세 가지다. 첫째, 새로운 멤버의 성향을 알면 기존 멤버들이 어떻게 협업을 해야 하는지를 알 수 있다. 둘째, 새로운 멤버들이 빠르게 적응할 수 있도록 서로의 이야기를 편하게 하는 시간을 갖게 하는 것이 필요하다. 셋째, 리더의 성향(강점과 약점)을 새로운 팀원들이 알고, 팀원에 대해 리더가 알면 서로에게 도움이 되는 일하는 방식을 찾을 수 있다.

실제로 나와 MBTI 워크숍을 7번 한 3개 팀이 있었다. 한 팀은 팀장이 새롭게 세워졌는데 서로를 이해하는 시간이 필요했기 때문이었고, 다른 2개 팀은 2년이라는 시간 동안 팀원이 2~3명 교체될 때마다 워크숍을 진행했었다. 목적은 단 하나, 서로를 이해하는 시간을 갖기 위해서였다. 워크숍에서 주로 이야기 나눴던 것은 '나의 고유한 유형'과 '내가 편하게 생각하는 행동과 일하는 방식' 그리고 '내가 불편하게 여기는 행동과 일하는 방식'이었다. MBTI로 인해 자신이 부족했다고 느끼는 부분이 '내가 타고난 고유한 특징' 중에 하나라는 것을 인지하고, 새로운 멤버와 기존 멤버가 조금 더 편하게 노출하고 피드백을 할 수 있게 된 것이다. MBTI가 만능은 아니지만, 이렇게 어떻게 활용하느냐에 따라 대화의 물꼬를 터주는 강력한 도구가 되기도 한다.

신임 팀장이 왔을 때도 MBTI 워크숍은 신임 팀장이 팀원들과 빠르게 친해지고, 업무 방식을 정할 수 있도록 도와주는 역할을 하고 팀원들에게는 팀장의 리더십 성향을 빠르게 파악해서 팀워크를 맞추는 데 도움이 되기도 한다. 나는 다음과 같이 MBTI 워크숍을 진행한다.

① 새로운 멤버들의 MBTI 진단을 하고, 결과지를 해석하는 기초적인 워크숍을 진행한다. 이때 새로운 멤버들끼리 친해지는 시간을 가지되, 주요 목적은 MBTI와 나의 특징을 이해하는 시간을 갖는 것이다.

② 기존 멤버들이 함께 참여하며 워크숍을 진행한다. 서로의 특징을 공유하는 시간을 갖는 것이다. 또 새로운 멤버들이 자신을 소개하고, 기존 멤버들도 자신을 새로운 멤버에게 소개하는 시간이다. 이때 공유하면 좋은 내용들은 '내가 일에 몰입될 때와 몰입되지 않을 때, 내가 동료들에게 자주 듣는 말과 듣고 싶은 말, 나를 표현하는 한 단어, 내가 동료들에게 기억되고 싶은 모습' 등 업무와 관련된 모습을 소개하는 시간을 갖는 것이 좋다.

③ 리더에 대해 소개하는 시간을 갖는다. 리더가 스스로 자신이 숭요하게 여기는 가치, 일하는 방식, 팀의 문화, 팀에서 절대 하지 않았으면 하는 행동 등에 대해서 이야기하고, 기존 멤버들 3~4명씩 조를 짜서 리더에 대한 토론을 하고 '리더가 자주하는 말, 리더가 중요하게 여기는 행동, 리더가 싫어하는 행동' 등을 발표하도록 하면 새 멤버들

이 빠르게 적응하는 데 도움이 되며 리더에게는 작은 피드백 세션으로 작용하기도 한다.

이때 MBTI 워크숍 중 함께 사용해 보면 좋은 질문으로 7가지를 추천한다.

① 언제 일이 즐거운가요?

② 동기부여가 될 때와 동기부여가 되지 않을 때는 언제인가요?

③ 업무에 몰입되는 환경은 어떤 때인가요?

④ 본인이 가장 불편하게 여기는 행동이나 상황은 무엇인가요?

⑤ 동료들에게 꼭 하고 싶은 말이 있다면 무엇일까요?

⑥ 자신을 한 문장으로 표현한다면 어떤 문장이 될까요?

⑦ 10년 후 꿈은 무엇인가요?

이 외에 팀원들이 궁금한 부분에 대해 기존 직원과 새롭게 합류한 직원들이 함께 이야기를 나눠본다면 빠른 적응과 함께 서로를 이해하는 데 도움이 된다. 질문은 동료들이 궁금해하는 공통 질문으로 바꿔서 사용해 봐도 좋다.

실제로 새로운 멤버가 조직에 합류했을 때 MBTI 워크숍을 한 후 '적응하는 데 도움이 되었다' '업무 외적으로 이렇게 자신을 소개하는 시간을 보내면서 더 업무를 할 때 시너지를 낼 수 있는 방법을 찾게 되었다' 등의 피드백과 함께 회사에 적응하는 데 가장 도움이 되었던 부분으로 MBTI 워크숍이 자주 추천되기도 했다. 'MBTI 워크숍을 하면서 어색한 시간을 빨리 지나갈 수 있었다' '팀장에 대해 동료들이 알려줘서 적응하기가 편했고, 일하는 방식을 빨리 맞출 수 있었다' '팀장의 MBTI가 나랑 반대였는데, 모르고 일했다면 아마 찍혔을지도 모른다' 등의 긍정적인 피드백이 주를 이루었다.

또 MBTI 워크숍을 하지 않을 경우에는 외형향은 빠르게 팀원들에게 자신을 소개할 수 있는 시간을 마련해 주고, 내향형에게는 전체 소개보다는 기존 직원들에게 1 ON 1을 먼저 요청해서 커피챗을 해보는 것이 좋겠다고 추천하는 것도 좋은 방법이다. 그런데 가끔 내향형의 새 멤버가 '저는 불편한 시간을 한 번에 갖는 것이 좋을 것 같아요. 1 ON 1보다 전체 앞에서 제 소개를 할게요'라며 다른 행동을 요청한 적도 있었다. 이처럼 모두가 같은 반응을 보이는 것은 아니고, 상황에 따라 같은 사람이 다른 행동을 보이기도 한다는 것은 꼭 기억했으면 좋겠다.

다시 말하지만 MBTI는 만능도 아니고, 정답도 아니다. 단지 가장 많은 사람들이 활용하며, 깊이 있고 객관적으로 서로를 바라볼 수 있는 유용한 도구일 뿐이다. 이 도구를 어떻게 사용할 것인가는 전적으로 자기 자신에게 달렸다. 예를 들어 같은 학교, 같은 병원에서 배우고 일하는 의사도 개인의 성격과 노력, 실력에 따라 누구는 탁월한 의사가 되고, 누구는 신뢰받지 못하는 의사가 된다. 필자 또한 ISTJ임이 분명하지만 강의와 코칭을 할 때면 내향형보다 외향형의 모습을 먼저 보이려 하고, 가족들과 시간을 보낼 때면 사고형보다 감정형의 언어와 행동을 많이 한다. 그것이 나에게 주어진 과업을 더 잘 수행하는 방법이고 또 나와 함께하는 사람들이 나에게 기대하는 모습이기 때문이다.

타고난 나만의 모습만으로 살 것인지 아니면 불편하고 어색하지만 비선호하는 생각과 행동을 할 수 있게 노력할지는 오직 나만이 결정할 수 있는 선택이다. 중요한 것은 이 선택이 나의 생각과 가치관, 행동을 결정하고 결과와 동료, 가족에게 영향을 준다는 것이다. 독자들도 이 책을 통해 내 행동의 기준이 내 일과 주변 사람들에게 어떤 영향을 미치고 있는지에 대해 생각해볼 기회를 얻었으면 좋겠다. 조금 더 성숙한 내가 되기 위해서 말이다. 당신의 성장을 빈다.

참고 자료

· Donna Dunning(2008).《성격유형과 커뮤니케이션》, 어세스타

· Gordon Lawrence(2009).《성격유형과 학습 스타일》, 어세스타

· Isabel Briggs Myers 외(2013).《MBTI Form M 매뉴얼: MBTI 활용과 연구를 위한 지침서》, 어세스타

· Katharine D. Myers, Linda K. Kirby(2009).《심리유형의 역동과 발달》, 어세스타

· Naomi L. Quenk 외(2013).《MBTI® Form Q 매뉴얼: MBTI 활용과 연구를 위한 지침서》, 어세스타

· 고영재(2022).《당신이 알던 MBTI는 진짜 MBTI가 아니다》, 인스피레이션

· 김정택, 심혜숙(2007).《16가지 성격유형의 특성》, 어세스타

· 김정택, 심혜숙(2013).《MBTI® 질문과 응답》, 어세스타

E ⋯ I

S ⋯ N

T ⋯ F

J ⋯ P

# 일하는 사람을 위한 MBTI

초판 1쇄 2022년 12월 12일

지은이 | 백종화

발행인 | 박장희
부문대표 | 정철근
제작총괄 | 이정아
편집장 | 조한별
책임편집 | 최민경
마케팅 | 김주희 한륜아 이정연

디자인 | 김윤남

발행처 | 중앙일보에스(주)
주소 | (04513) 서울시 중구 서소문로 100(서소문동)
등록 | 2008년 1월 25일 제2014-000178호
문의 | jbooks@joongang.co.kr
홈페이지 | jbooks.joins.com
네이버 포스트 | post.naver.com/joongangbooks
인스타그램 | @j__books

© 백종화, 2022

ISBN 978-89-278-7952-7  03320

중앙북스는 중앙일보에스(주)의 단행본 출판 브랜드입니다.